《新疆滋味》编委会

主　　编：库尔班江·赛买提

副 主 编：阿布德吾力·阿布德热西提

编　　委：陈妍蓉　谭亚茜　高　腾　迪达尔·木拉力

　　　　　许露琪　同　昕　张蕊妮　刘美仪　任慧林

　　　　　何梦琪　索芳睿

美食顾问：尤努斯·汗木都　赛米·克力木

　　　　　沙买提·热合曼　阿不力孜·度力困

（本书所有版税献给"我从新疆来"大学生圆梦计划）

新疆滋味

Flavorous Xinjiang

本书编委会

◎ 编著

王蒙 题

人民出版社

欢迎你到新疆来

佟 丽 娅

不到新疆，不知道中国有多大。

因为大，新疆充满未知，这正是新疆的魅力所在，你永远不会厌倦。

在我的记忆里，新疆的天，总是瓦蓝瓦蓝、通通透透；新疆的地，总是无遮无拦，可以一眼望到天边；新疆的雪山，看着近在咫尺，却怎么也走不到跟前；新疆的太阳，早早起床，半夜才落山……新疆的天高地阔造就的不仅仅是新疆的旖旎风光，更是新疆人那刻在骨子里的简单、豪爽、真诚的性格底色。

我们新疆人心思都很单纯，不管是说话还是做事都很直接，有一片赤诚就够了。所以，我们的食物也很少精雕细琢，大多以食材取胜，喜欢保留食材最真实的味道。早餐就是馕和茶；想吃肉就大块吃肉，烤的或者煮的都行；饿了就来一盘拌面，就一瓣大蒜；馋了就去吃大盘鸡，一定要吃里面的辣子；聚会就做一大锅抓饭，来多少人都够吃，再配上甜得要命的瓜果……好像生活就这么简单、直接。

但是，如果等你真的到了新疆，你就会发现，新疆美食，也并不是那么简单。

新疆的自然条件很优渥，只要是能耕种的土地，种什么长什么，长什么都比别的地方长得好，更何况处处都有野生的花花草草，随时随地可以新鲜采摘，进入厨房。

所以，出于想要记录新疆美食、想让大家看到我们新疆美食的想法，才有了支持纪录片《新疆滋味》的念头。

纪录片，对我而言是一个陌生的领域。但只要是和新疆有关的事，我都愿意去努力、去尝试。能有机会带领大家去了解新疆的美，领略新疆的风情，能把我的家乡介绍给世界，这就是我一直想要做的。而《新疆滋味》换了一个角度，通过美食看新疆，更接地气，更有人情味，更有新发现，连我这个新疆人都不得不感叹新疆的地大物博了。

都说新疆的美食好吃，但我说美食也蕴含着人生的大道理。比如说馕，新疆的主食，它的制作过程说出来还挺让人钦佩的：经过浴火重生的历练，坚韧而不失柔软，平凡而不失精彩。说浅了，馕能放很久还依然很好吃，说深了，它就像我们的人生。

《新疆滋味》，有土地的滋味，有山水的滋味，有物产的滋味，有饮食的滋味，有家乡的滋味，有生活的滋味……这次，让我们换一个视角看看新疆，它不仅仅有美景，还有美食。希望大家通过《新疆滋味》能对我的家乡多一分了解，也欢迎大家多多来我的家乡——新疆做客！

第五章
秀色可餐

第六章
流光溢彩

新疆滋味，人生滋味

库尔班江·赛买提

　　记得看过这样一则趣闻，科学家们发现，在所有感觉记忆中，视觉记忆在几天甚至几小时内就可能淡化，而产生嗅觉或味觉的事物却能令人记忆长久。科学家还说，嗅觉或味觉的记忆能把我们带回更小的时候。通过语言提示唤起的记忆，大多是在11—25岁间所形成的，而嗅觉或味觉，则能将人们带回到6—10岁的童年时光。"味道"和事物之间建立起的第一联系，要比任何后续联系更为有力，也更为持久。

　　我想不光是记忆，连人身体的机能也是被婴童到年少时期的食物所历练，甚至改造过的。相信很多人都有过类似的体验：当一抹味道窜进鼻翼，或沾染舌尖，瞬间一段童年的回忆卷入脑海。那味道可能是小时候吃过的一种零食，也可能是家里饭桌上平常的一道菜……那些让人回味的，不仅是自己的过往，也是人生的滋味。于我而言，占据我目前人生一半的味道，是新疆滋味。

　　听我妈说，我刚出生那一年，每天都会被喂下大约半个巴掌大小的一片羊尾油。从小我妈最常做的就是抓饭，盘底也会有一层油，我最爱吃。过节时，我妈也会做杂粮粥，虽然做起来很麻烦，但我妈总会在过节时让我们吃到。

上小学的时候，家里在巴扎做烤肉生意，而那条巴扎就是我放学后的必经之路，从这一头走到那一头，就到自己家了。这一路，我会路过凉粉店、粽子店、冰棍车，还有瓜子摊。每家的阿姨，我都叫她们"阿帕"（维吾尔语"妈妈"或"阿姨"的意思），而阿帕们对于嘴甜还特别爱帮她们卖货的我这个"假"儿子十分喜爱，每次都免不了给我来一碗凉粉、一盘粽子配蜂蜜酸奶，或者送我根冰棍、一把瓜子之类的。我乐得一路吃到饱，就到了自家的烤肉店。而妈妈留给我的烤肉，则通常被我拿去讨好邻居家的漂亮妹妹。

等到再大些，我认识了闻星、小胖、龙新、小松等一票好朋友，他们的饮食方式和我没有区别。闻星是土生土长的新疆策勒县人，他妈妈也在策勒县出生长大，做得一手美味的抓饭，每次去他家就跟在自己家吃饭一样。小胖吃饭啥都不挑，不然也不会叫他小胖。龙新来自四川宜宾，是他家把宜宾烧烤带到了和田。跟和田本地的纯肉类或者蛋类烧烤不同，宜宾烧烤里有各种各样的蔬菜，很新鲜，在和田迅速火了起来。小松老家也是四川的，做得一手地道的川菜。要知道像我这样土生土长的和田人一般是不会吃辣的，因为怕身体受寒，让体质变差，但小松家的川菜让我开始无辣不欢。

那羊尾油的味道是什么样，我早已不记得了，我只知道我现在很拒绝，哪怕是烤肉串上最美味的略带焦香的那一块儿肥肉。吃惯了宜宾烧烤里的蔬菜，如今半夜叫个烧烤外卖，也不忘加上点儿绿叶菜。当初小松带我走进了麻辣世界，我便成了吃辣专业户，如今吃个海底捞都要加麻加辣。每次去成都找小松吃饭，他被辣到的菜，我吃着倒是一点事儿没有，猜想大概是婴童时期吃的那一年的羊尾油起了作用吧，把我的胃保护得很好。

走出和田，我在乌鲁木齐吃到了爆辣炒米粉，在库尔勒第一次吃到和田很难见到的海鲜还有芥末，最爱吃干爹在北京做的那一锅茶叶蛋。因为家里在深圳有玉石店而经常光顾广东的缘故，我也能熟练地出门吃个早茶。我还发现，宁夏的羊肉可以比新疆的更好吃，成都的火锅其实也不是那么辣，武汉的小龙虾可以连壳都软烂入味……在国内各个城市游走拍片的过程中，我感叹于自己的胃对各种味道的承受和包容能力，也惊讶于新疆其实早已拥有全国各地的美味。

在各个国家游走的过程中，我竟然也从那些不同肤色的人们做出的食物中，感受到了家乡的味道。美式的汉堡牛排不是挑战，在国内已经吃腻了；墨西哥美食有很多和中餐一样烹炒炖煮的方式，味道上也常常能让人联想到新疆的某一道美食；法国的羊肉膻到难以下咽，但没想到人家就是好那一口；土耳其有比和田都好吃的石榴；德国有最好吃的土耳其烤肉；巴塞罗那的一家中餐馆的川菜把我辣懵了……一路走南闯北，我从五湖四海的饮食及其背后的故事中看到的，不仅是中国饮食文化的博大精深，还有世界饮食方式的丰富多彩。而要说最深刻的感受，还是新疆美食的多元，因为去哪儿都能找到新疆同款。妈妈做的抓饭，永远是我最怀念的味道；童年吃过的那些烤肉拌面等，让我的味蕾似乎永远在找寻与之相近的味道，然后便称之为美味。

我在新疆的和田长大，玉石、艾德莱斯和羊肉就是我们每天的生活。我能一眼就分辨出一块玉石的产地和价值，摸出艾德莱斯丝绸的优劣，也能一口吃出羊肉的品质。在长大的过程中，我的胃有机会接受了来自不同地域的多种多样的传统和现代美食。长大后，我在不同的国家、不同的城市，总能尝到熟悉的家乡味。也许正是因为去尝试了多元的味道，因此让我的人生滋味多了无限的可能。

从2014年启动《我从新疆来》系列，我讲过了从新疆来的经历，道过了到新疆去的旅程，最后这一部，我一直在想，要用什么样的内容讲述和表达新疆，用什么样的主题收尾。那个灵感，大概就是某天啃过了羊腿，喝过了羊汤，唆过了炒米粉，朵颐过了大盘鸡，又来上一份凉皮作宵夜后，突然发现，新疆的美食，不就是所有"来"与"去"的结晶吗？无论你从新疆来还是到新疆去，带来或带去了自己的家乡味，又因为新疆的包容，才能被吸收并本地化，融合出那么多新疆美食。这几年，越来越多的新一代新疆年轻人从新疆来到内地后，将热爱的美食也带到了自己所在的各大城市，用热爱的家乡味，陪伴自己在异乡的日子。这些对家乡美食的渴望，也促使一些年轻人把新疆美食创造成为自己的事业。正因为他们的努力，新疆的这些美食，已经能在内地各大城市的外卖软件上找到。而且，在社交媒体上，打卡所在城市的新疆美食餐厅，甚至"打飞的"去新疆，也是美食网红们的一种流量密码，这也是一种"去"的过程。当然，这只是我的一个设想……我也不知道，我们能不能得到展现这些过程的故事，能不能拍出来。

2018年结束《我到新疆去》的播出后，我们的团队便开始策划《新疆滋味》的内容，并在9月成功立项，次年3月正式启动拍摄。这一次制作，我们非常荣幸地邀请到了纪录片界的元老级人物徐小卉老师作为总导演，资深纪录片导演李晓东作为执行总导演，李晓东、方放、张雁北、陈红、牛谊作为分集导演。在长达一年的前期采访中，我们优秀的导演及其团队——挖出并记录了新疆美食背后的故事。我的设想得到了认证，那些故事讲述的正是在"来"与"去"的过程中，滋味纵横交错，造就出的新疆多元文化。经过长达两年多的拍摄和制作，我们呈现出了这部用"大盘小膳""面面俱到""有米之炊""鱼羊之鲜""秀色可餐""流光溢彩"讲述的《新疆滋味》。

在这部片子里你会看到，新疆滋味，是托克逊的牧民为庆祝儿子考上大学宰羊炖的肉，是餐厅老板为烤肉的味道精益求精而苦寻的良方，是妈妈做的家常抓饭里陪衬着大米的恰玛古和葡萄干，是贵州米粉摇身一变而成的新疆随处可见的网红美食炒米粉。新疆滋味，是伊犁的野苹果和喀什的木纳格葡萄，是柯尔克孜牧民的孢孜酒，是沙湾国道边上的餐厅老板们为了让司机们填饱肚子而创造出的大盘鸡，是帕米尔高原宵公巴哈节上塔吉克人撒下的面粉，是巴里坤的蒸饼，是沙漠边缘小县城里送别援疆医生的库麦其馕……这部纪录片总共6集，每集50分钟，长达300分钟的影像记录，会让你了解到那些你知道或不知道的，或者你认为很民族风情的，甚至网红热门的新疆美食背后，那些普通新疆人的故事。那些故事，不会让你觉得遥远，那些情感，是我们每个人都能感同身受的。

与过去两部以同期声代替解说的方式不同，这次我们决定让导演们来写解说词。配音工作也很荣幸地再次邀请到了本片的出品人之一，著名演员，也同样是新疆籍的丫头子，佟丽娅来担任解说。另外每次都鼎力相助的中央电视台著名主持人，新疆籍巴郎子，尼格买提也为这部纪录片奉献了配音。相信你看过、听过后，会觉得"攒劲儿得很"。

但是光看过、听过，怎么能解馋？所以"我从新疆来"微信公众号的大学生志愿者编辑团队，就把纪录片里的内容用文字呈现了出来，并配上最诱人的画面，打造出了你手上拿着的这本《新疆滋味》的同名视频书。另外，我们还邀请到国宝级名厨和新疆本地知名的美食从业者做了17道在家就可以完成的新疆美食菜谱，并将制作过程拍摄下来，以二维码的形式附赠在书中，让你看过、听过，再闻过，馋得不行的时候，除了马上外卖下单之外，还有可以在家复制美味的机会。

"将回忆封存，就如同把香水装进瓶子，将香气也一并封存。"克尔凯郭尔在他1845年出版的《生命的阶段》(*Stages on Life's Way*)一书中这样写道。

"将味道及其背后的人和故事用影像记录，就是《新疆滋味》。"总制片人库尔班江，我，在该纪录片播出时这样表达。

我希望每一位看过《新疆滋味》的人，无论你来自哪里，都能从这些故事里找到自己的回忆和走过的人生。

第一章

大盘小膳

《大盘小膳》

大 盘 鸡

大 盘 鸡

中国人爱吃鸡，也特别会吃鸡，比如东北的小鸡炖蘑菇、广东的盐焗鸡、西南诸地的宫保鸡丁，还有中原诸省的各种烧鸡。说起新疆，那不得不提大盘鸡。

大盘鸡，顾名思义就是用大盘子盛装的以鸡肉为主要食材的菜品。盘子的大小通常是普通菜盘的两到三倍，甚至更大。盘中除鸡块外，还有大小相仿的土豆块，佐以颜色鲜艳的青红辣椒，最后再拌上宽宽长长的皮带面。超多的菜量、香浓的味道和实惠的价格，让它在人民群众中备受青睐。

大盘鸡的诞生并不久远，仅仅是二十世纪八十年代的事情。虽然没有悠久的历史，也没有名人的加持，但是许许多多的普通人让它的味道越变越美，越变越丰富。在大盘鸡三十多年的发展历程中，发生了很多很多的趣事。

李士林，是新疆沙湾的一名餐馆厨师。为了让老朋友闲暇时去餐馆帮帮忙，他用鸡娃子做了一盘辣子炒鸡，打算好好"说服"老友一番。鸡娃子，就是还未成熟的小公鸡，也就是人们常说的童子鸡。挑选童子鸡，不能只看鸡的大小、轻重，还要留意鸡身上一个特殊的部位——鸡距，也就是李士林口中的"肉丁丁"。鸡距是公鸡为了争夺配偶进化出的格斗利器，距越大说明公鸡越老，童子鸡的距只有黄豆那么大。

辣子炒鸡，是新疆的一道传统名菜，并且跟大盘鸡有着千丝万缕的关联。

鸡娃子肉嫩，用葱姜蒜煸炒后，加水炖一小会儿就差不多熟了。待肉烧至八九成熟时，放入新鲜的辣椒，再将青椒和鸡块稍稍翻炒几下收一收汤，便大功告成。过去，在中秋节前，看到鸡娃子开始啄吃辣椒籽，人们就知道，这个时候鸡嫩辣椒鲜，正是做辣子炒鸡的绝佳时机。

只有老朋友才能明白，李士林亲自下厨用鸡娃子做辣子炒鸡是一种很高的礼遇。鲜辣子炒嫩鸡，是一道只能在家里做的菜。因为市场上没有那么多鸡娃子供应给餐馆，李士林在店里卖的辣子炒鸡，只能用肉鸡。

沙湾市建筑公司的几位退休员工是李士林店里的老顾客，他们与李士林有着特殊的情谊。退休后，他们又聚在一起去店里吃饭。见来了相熟的顾客，李士林一扭头回了家。

回家，是为了取一件宝贝。

尘封已久的报纸里，包着的是一个盘子——双喜花卉搪瓷盘。它是二十世纪八十年代常见的一种生活用品，也是盛大盘鸡用的第一个大盘子，李士林一直珍藏着它。

　　老朋友相聚，话题自然离不开三十多年前一起来李士林店里吃辣子炒鸡的往事。那时候，一份辣子炒鸡，只有不到半只鸡。他们一共七八个人干了一天体力活，从工地收工到李士林店里点了一份辣子炒鸡，小半只鸡显然不够吃。正好，他们其中一人看见厨房的案板上有一整只鸡，就让李士林把那只鸡也炒了。但是用一整只鸡做辣子炒鸡，普通菜盘就装不下了。炒好以后，李士林顺手拿出了这个拉条子醒面用的双喜花卉搪瓷盘，比平时量多一倍的辣子炒鸡刚好装满了整个盘子，李士林就这么端了出去。

　　一大盘的辣子炒鸡，不仅量多、解馋也更有气氛。后来，越来越多的顾客对这道用大盘子装的辣子炒鸡产生了兴趣，进店就说："给我也来一份。"大盘子的辣子炒鸡就这样传开了。李士林觉得，大盘子的辣子炒鸡既然这么受欢迎，那就干脆把它当作一道新菜式推出。

　　那时候，餐馆里还没有菜单，菜名都写在小黑板上。李士林已经忘记具体的日期了，他只记得，那是在1987年的秋天，他用粉笔在小黑板上写下了"大盘鸡"三个字。

从此，一扇美味的新大门悄然打开。

大盘鸡的诞生，搪瓷大盘功不可没。搪瓷盘子在维吾尔族家庭中特别常见，它既能盛菜也能当果盘。因为尺寸大，用它待客尤其能体现主人的热情。除了大，搪瓷盘的底儿也平，用它来醒一家人吃的拉条子面剂子刚刚好。

当年，用搪瓷盘盛装的大盘鸡，首先在沙湾迅速流行开来。不过，它还没有像现在那样包含土豆和皮带面。

乌鲁木齐路是 312 国道穿过沙湾市区的路段。312 国道是连接华东、华中、西北地区，横贯中国的一条国道。那时候，李士林的小餐馆就开在城区边缘的国道旁。大盘鸡叫响后，不足一千米的街道一下子冒出了四十八家大盘鸡店。至今，这里仍被称为"大盘鸡一条街"。

王常生年轻时开大货车跑 312 国道，是沙湾大盘鸡兴起的见证人之一。通常他早上从乌鲁木齐开车出发，中午两点左右就到达了沙湾。两点正好是新疆人吃午饭的时间。这个点，三四个熟悉的司机坐在一起，点一份大盘鸡，既实惠又美味。

"要致富，先修路。"改革开放初期，公路交通发展迅猛，312 国道上往来的许许多多大货车司机，成就了"大盘鸡一条街"的繁荣，也把沙湾大盘鸡的美名传遍了新疆。

大盘鸡声名远扬，李士林却有了烦心事。曾因为首创大盘鸡而独占鳌头的他，在激烈的竞争中已不再出众。他有些不甘心。

　　1993 年的一天，李士林的亲戚送了他一只自家养的
老土鸡，也给他送来了一个契机。李士林用以前的老方
法烹饪土鸡肉，然而老土鸡炖了很久，仍然嚼不烂。李
士林改用高压锅，又焖了十分钟，还是不行。像这样反
反复复三四次，用高压锅炖了十八分钟后，入口的鸡肉
才变得软而不烂，这才炖好。对鸡肉有着敏感味觉的李
士林发现，老土鸡不仅味道好而且有嚼头，这也许能为
大盘鸡的口味开辟出一条新的道路。为大盘鸡界的江湖
地位苦苦挣扎的老李，决定抓住这个契机改变食材，用
老土鸡代替肉鸡做大盘鸡。

　　然而，土鸡虽香，腥味极重。李士林在去腥方面有
一手绝活儿：鸡块倒入油锅翻炒一会儿，舀大半勺醋浇

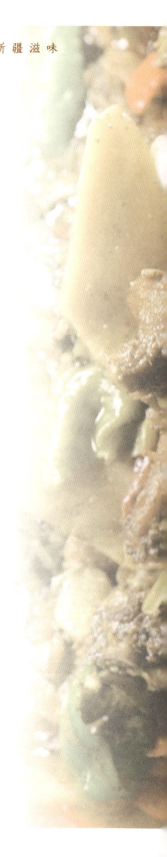

在鸡肉上继续翻炒。用醋去腥这个方法,厨师同行都知道,但像这样用大半勺醋的方法,不得不让人替他担心把大盘鸡炒成了酸辣鸡。凭着对火候的把握,李士林用醋去腥不仅不会残留酸味,还让土鸡肉更容易炖烂、更入味儿。

改用土鸡,是大盘鸡自诞生以来的第一次变革。这场变革,让李士林重新夺回了竞争的优势。

从那以后,做大盘鸡的厨师,要想在沙湾立得住,必须用土鸡。直到现在,也是如此。

大 盘 鸡

　　新疆大盘鸡，又名沙湾大盘鸡、辣子炒鸡，二十世纪八十年代起源于新疆公路旁的饭馆，现已被评为"新疆十大经典名菜"之一。大盘鸡的前身是辣子炒鸡，后来经过不断改良，如今的大盘鸡主要用鸡块和土豆块炒炖而成，用大盘盛装，同新疆皮带面搭配食用。

　　大盘鸡的鸡肉通常选用土鸡肉，将鸡肉斩件过油，辅以香料，爆出香味，随后加入清水，放入土豆。土豆有"地中至鲜"的美称，与土鸡肉块同炖，土豆吸收了油香，更加绵软细密，滋味丰富。出锅前放入青、红椒和泡好的辣皮子，焖炖片刻后装入大盘，淋上汤汁。初成的大盘鸡层次感十足，卖相诱人，丰美的汤汁淋在硕大的鸡块和黄亮的土豆上，爽滑麻辣的鸡肉、鼓鼓囊囊的青红双椒、软糯的土豆，辣中有香、香中有甜。混合在汤汁中的土豆淀粉吸收了油腻，夹起宽且薄的皮带面在汤汁中来回搅拌几下，面立刻被浓稠的汤汁包裹。入口间，诸多滋味涌上舌尖，最终实现丝绸之路上的味觉融合。鸡肉、土豆、辣椒、皮带面，大盘鸡将兼收并蓄之道贯彻得淋漓尽致，也把南来北往的人的口味荟萃一堂，为所有人献上了最融合的新疆味道。

椒 麻 鸡

在新疆，鸡的吃法除了炒和炖，还有维吾尔族喜欢的烤。另外，凉拌也算一种，例如回族的椒麻鸡。同样是新疆名菜，不同于易改良口味的胞兄大盘鸡，椒麻鸡工序繁杂、取料严格、秘方颇多。新疆人常形容椒麻鸡吃到嘴里"麻得像是刮大风"。

椒 麻 鸡

椒麻鸡的发明人沙俊明，十几岁的时候得了重感冒卧床不起。妈妈心疼儿子，就把家里唯一的一只老母鸡宰了。家里没有别的佐料，就往鸡汤里多加了不仅能入菜，还能驱寒除湿的花椒。鸡炖好后，又用花椒和盐调了汁儿，浇在鸡丝上做成凉拌鸡。沙俊明连汤带肉全部吃下后，发了一身汗，感冒便好了。

1990 年，沙俊明按照妈妈的配方，做出了记忆中小时候吃到的味道。因为鸡的味道突出的是"麻"，他就起了个名字叫"椒麻鸡"。如今，椒麻鸡的烹饪技艺，已经被他的子女们继承。

制作椒麻鸡，要选用下过蛋的老母鸡。老母鸡鲜味较仔鸡多，肉质韧而爽脆，营养更为丰富。佐料选自特定产地的辣椒、花椒和麻椒，再加入多种香料小火慢煮数小时。出锅后的鸡肉新鲜嫩白、鸡皮爽脆鲜香。捞出炖好的鸡，用手沿着肉纤维的生长方向撕成细条。这样手撕的鸡肉不会柴硬，更易于吸收汁水。

椒麻鸡的画龙点睛之笔，莫过于辣油。用上好的青花椒和长线辣椒干熬出的辣椒油味厚，回味悠长。至于大葱、洋葱，乃是消脂解腻的最好搭档。秘制椒麻汁的汤底，全部采用熬制的新鲜鸡汤。清香醇厚、色泽金黄的鸡汤与水煮并慢炒的油辣椒完美交融。

拌好后的椒麻鸡，每块肉上都包裹住了微黄的麻油，香辣的气味立马侵袭占领鼻腔。鲜红的辣椒、翠绿的青椒，还有独特香气的洋葱在调汁中徜徉，在微黄色的调汁中激发出彼此的美味。

花椒与麻椒将辣味麻香演绎极致。"椒而不麻，辣而不燥"，这恰如其分地体现了新疆人民狂野热情、豪放豁达的性格。

椒 麻 鸡

夏日胃纳不佳，椒麻鸡却能使人为之一振。

椒麻鸡——新疆回族小吃中最具特色的一种，以生态土鸡为原料，佐料选自特定产地的辣椒、花椒和麻椒。将土鸡放入加了佐料的冷水中煮，去掉浮沫，再加入多种香料小火慢煮数小时。煮熟后用冷水将鸡激凉，以使鸡皮脆爽。出锅的鸡肉新鲜嫩白，捞出炖好的鸡，用手沿着肉纤维的生长方向撕成细条，用辣椒皮、洋葱、秘制的椒麻汁等辅料拌匀淋在鸡肉上，麻辣香鲜四溢，皮肉脆嫩筋道。清爽可口、麻而不木、辣而不上火的椒麻鸡，在夏日的夜市和饭铺里吸引着无数新疆人炙热的味蕾。

千变万化的土豆

在沙湾早期的四十八家大盘鸡店中，李士林生意上最大的"劲敌"，是高传科。

高传科家人人都会做菜，尤其会做土豆。每人做一道，就能组成一桌土豆宴。高传科的岳父岳母年轻时是远近闻名的乡间厨师。一台"流水席"下来，岳母做的土豆丸子要用几　　　　　　　　大盆。受长辈们的影响，　　　　　　　　高传科也成

了一名厨房里的土豆专家。

对于高传科来说，1994 年的一个傍晚有着特殊的意义。晚上七八点钟，高传科的大盘鸡店里来了一群经常来这儿吃大盘鸡的大货车司机。这次，他们打算留宿沙湾，一起小酌几杯，于是就要求高传科往大盘鸡里多放点菜，好下酒。

加了菜的大盘鸡很快被风卷残云，司机们让高传科就着剩下的汤汁，再烧一些别的菜。就这样，高传科前前后后往大盘鸡里加了木耳、冻豆腐、粉条、豆角、白菜、芹菜和茄子，司机们却始终不能尽兴。看到客人们意犹未尽，高传科灵机一动，拿出了他最熟悉的食材——土豆。土豆淀粉含量高，容易吸收肉类的油脂，在与鸡块的共同炖煮之下，土豆的缝隙渗入浓郁的汤汁，软糯甜润，充满着鸡肉和香料的味道。

那天晚上，大盘鸡里第一次出现了土豆。有了土豆，菜量就饱满了，劳累一路的大货车司机终于酒足饭饱，尽兴而去。从那时起，土豆成了高氏大盘鸡的标配。

　　高传科往大盘鸡里加土豆，是有讲究的。这讲究，首先从挑土豆开始。当高传科来菜市场买菜，卖土豆的商贩们都要瞅准机会，跟他学几手。选对土豆只是第一步，后面的加工，更有讲究。切土豆时，要顺着土豆的长轴方向纵着切，这样可以防止切断土豆的纤维，做好的土豆也不易碎烂。土鸡煸炒后要入高压锅焖炖，将一分为二的大块土豆摆在最上面，利用鸡汤的蒸汽把土豆蒸熟。富含淀粉的土豆，如果直接切成小块炖，容易浑汤、糊锅。蒸熟后，将土豆取出放入盘中，再改刀成适口的小块儿，淋些大盘鸡的汤汁，最后把锅中剩余的鸡肉和辅料一起装盘。这种处理土豆的方式，是高传科的诀窍。吃过高氏大盘鸡的顾客都说，他家的土豆与众不同，特别好吃。大盘鸡上桌后，最先被吃光的，往往是土豆。

　　因司机们口味的偏好而触发的第二次演变，使得加了土豆的大盘鸡，更受食客欢迎。但是面对这个新变化，李士林最初却有些不屑。拒绝改良的结果就是，自家的生意日渐惨淡，陷入困境。终于有一天，李士林极不情愿地也往大盘鸡里加了土豆。后来，在李士林的店里，不仅能加土豆，顾客还可以选择加其他食材。当然，最受欢迎的还是土豆。

　　土豆生长喜阴凉，阿尔泰山、昆仑山和天山南北坡

等地区都非常适于种植。新疆各族民众都爱吃土豆，全
疆年产土豆一百二十多万吨，百分之九十以上直接用来
做菜。

俄罗斯族的菜肴把土豆运用到了极致，且菜式多样、
五花八门。

在高曼华家的餐馆里，光是土豆就可以跟牛肉搭配
出至少四道菜。最经典的是土豆烧牛肉。牛肉切块焯水，
放入油锅煸炒，中火煎成表面微微焦黄，倒水没过肉块
儿，小火慢慢炖至牛肉软烂，加入土豆和调味品，待土
豆软绵便可出锅。牛肉肥瘦相间、酥软可口，绵软的土
豆块充分地吸纳了炖牛肉的汤汁，入口即化，浓浓的酱
汁在舌尖漫开，冲击着味蕾。朴实无华、毫不张扬的土豆，
成为这道菜中的另一个主角。

厚厚的土豆片，加入羊尾油煎过，再配上牛肉丸子，
叫作苏得列得。它通常出现在重要日子的餐桌上。焦黄
土豆片与棕色的牛肉丸相得益彰，在味觉和视觉的共同
作用下，食客便按捺不住那颗探寻美味的心了。

苏波汤里也少不了土豆的参与。"苏波"是俄语肉
菜汤的音译，肉与蔬菜在汤里尽情地释放香味和营养元
素，成为俄罗斯族人最普通、最常吃的一道汤菜。

蒸好、捣烂的土豆和牛肉丁一起煸炒，则是另一道
经典的俄罗斯族名菜——土豆泥。

仅四道菜，并不能说完有关土豆的全部故事。

在昌吉回族自治州的奇台市，人们把土豆做成一种
叫芋芋子的东西，炒菜、炖肉时都可以作为辅料。夹一

个小鱼形状的芋芋子放入口中，绵密之感顷刻侵占口舌，软糯之中尽显土豆本色。哈萨克土豆片则需先将羊尾煸出油，再炒牛肉和土豆，炒熟的土豆片散发着羊尾特有的浓浓的奶香。柯尔克孜族的霍尔达克是将羊腿肉、洋葱、胡萝卜和土豆汇聚一锅，土豆下锅炖一会儿，再煮上面条，这样做成的霍尔达克，是适合全家人一同享用的丰盛大餐。

　　新疆各民族都有土豆入菜的高招，他们用各自独特的手法和对美食的解读，发挥想象力与创造力最大限度地展示了土豆的多样性，与肉类的搭配更是美妙绝伦。

　　有了这个民间基础，土豆和鸡肉在新疆大盘鸡里的相遇，就顺理成章了。

苏 波 汤

　　苏波汤是俄罗斯族人日常生活中最普通、最常见的汤菜，由新鲜的土豆、莲花白（卷心菜）、西红柿、香苏叶，配牛肉或羊肉煮制而成。

　　做苏波汤，先要将牛肉或羊肉洗净切块，放进搪瓷锅中煮，捞去浮在汤上面的血沫，煮至七成熟后，放少许洋葱片调味，再煮数分钟，然后将切好的莲花白、西红柿、土豆等倒进锅中，再加入几片香苏叶继续煮。另取一砂锅，锅内放入适量的植物油，油热随即倒入切成碎块的西红柿和洋葱丝一起翻炒，加入适量的调味粉，待西红柿炒成糊状后，再一并倒入煮肉的汤锅内，轻轻搅动，待肉煮烂便可盛出。

　　苏波汤味道鲜淡不腻，酸爽可口，肉质鲜嫩，营养十分丰富，令人久吃不厌。随着时代前进的步伐，苏波汤也成为新疆各族人民都爱吃的肉菜汤。

不变的辣椒

不管有没有土豆，也不管是肉鸡还是土鸡，在大盘鸡发展的所有阶段，唯有一样食材始终不变。它，就是辣椒。

大盘鸡里绿色和红色的辣椒，被新疆人统称为青红椒。绿的是新疆的螺丝椒，红的则是板椒。这两种辣椒都不太辣，并且甜脆可口。它们既丰富了大盘鸡的口感，也把菜品点缀得色彩缤纷。除了青红椒，大盘鸡里还要放入干辣椒，新疆人称它为辣皮子，由新疆的线椒晾晒而成。但是，干辣椒并不干着吃。

李士林每天到店后必做的一件事，就是用清水泡发辣皮子。新疆的线椒皮薄肉厚，用水泡半小时以上，肉质就会恢复饱满。辣皮子不仅能调味,也是菜品的一部分。有的人就专爱吃菜里的辣皮子，大盘鸡里的辣皮子大多

来自安集海。

　　新疆沙湾安集海镇是"中国辣椒之乡"，安集海种植辣椒的历史可以追溯到清末。当年，左宗棠率领的湘军曾屯田安集海，抗击沙俄入侵。湘军把湖南人吃辣的习惯和辣椒种植一起带到了新疆。

　　如今，辣椒是新疆重要的经济作物之一。每年九月采收季，新疆各地就会出现一个奇景：原本空旷的荒漠戈壁，被晾晒的辣椒染成一片片的"红色海洋"。人们称这是新疆的"红色产业"，正是这些火红的辣椒，让大盘鸡的味道愈发热烈。

　　青红椒的搭配，不仅大盘鸡有，锡伯族的厨师也这么做。作为农耕民族的锡伯族，对辣椒很有了解，他们会用一种古老的烹饪技艺借助辣椒做一道菜。

　　身为锡伯族的李德强就十分擅长这种技艺。引燃灶

安集海的"红色海洋"

腔里的稻草后，李德强并不急于架锅烹炒，而是悠闲地等待。辣椒，必须烧得恰到好处。在稻草即将燃尽前，李德强才将青红椒一一放入灶膛的灰烬中，加盖一层稻草继续燃烧。炙热的灰烬使辣椒发出噼里啪啦的声音，几分钟后，烧好的辣椒就可以出炉了。烧好去皮的辣椒手撕成丝，加入洋葱丝、西红柿片和蒜末，根据口味添加盐、面酱或大酱，搅拌均匀就可以装盘上桌了。这道锡伯族的传统名菜就叫"烧辣子"。

在锡伯族人的餐桌上，烧辣子这道爽口小菜与鸡鸭鱼肉那些硬菜相较也毫不逊色。

烧 辣 子

烧辣子是锡伯族的传统名菜，"烧"这种吃法并不常见，锡伯族的烧辣子，是用木柴烧的炉灰烤制的青辣椒。将整个辣椒放入烧好的炉灰上，火候一到，从炉灰中取出，洗净后用手撕成条状，然后配以洋葱丝和西红柿片，加盐、蒜末等调味品搅拌均匀，一道美味的开胃解腻爽口菜就可以装盘上桌了。

吃过烧辣子的人们把它戏称为新疆锡伯族的"皮辣红"（用洋葱、辣椒、西红柿凉拌的一道菜）。只是如今烧木柴的人少了，烧辣子更多地是用烤肉炉或烤箱把青辣椒烤出来再凉拌。在骄阳似火的夏天，烧辣子是一道很受欢迎的凉拌家常菜。

宽宽扁扁的皮带面

312 国道带动了沿途的餐饮业。沙湾出了个大盘鸡，精河火了个肉饼子，霍城的炒羊杂也被大货车司机吃出了名声，司机们的口味引领着公路美食的风尚。

高传科清楚地记得，自己第一次往大盘鸡里加皮带面的经历。高传科说，往大盘鸡里加皮带面，自己不是第一家。二十世纪九十年代的某段时间，沙湾的大盘鸡店突然都开始往大盘鸡里加皮带面。

所谓皮带面，就是像皮带一样宽的面片。加了辣椒和土豆的大盘鸡，汤汁浓郁，滋味醇厚，人们恨不得连汤都一起吃掉。而宽面挂汤，让浓稠的鸡汤吸附于表面，味道之奇妙，出人意料，又在情理之中。

然而，是谁第一次往大盘鸡里加皮带面这事，包括高传科在内绝大多数的沙湾人都认为目前无从考证。

杨红建曾经在沙湾市广播电视局工作。1988 年，他做线路工程的那段时间，经常到李士林的店里吃饭。用辣子鸡拌面，是杨红建最爱的吃法。那年五月份的某一天，杨红建比往常来得早了点儿，面还没醒好，做不了拉条子。他就说，把面按成扁的也行。按扁以后再一拉，就成了新疆人说的马肚带，也就是现在的皮带面。

当初，李士林并未意识到这件事的重大意义，没把皮带面定型到大盘鸡里，错过了商机，也让大盘鸡的演变，推迟了数年。

那次给杨红建加的皮带面，成了一次单纯的偶然事件。但是，大盘鸡里出现皮带面，却一定有它的必然性。现在，大盘鸡的标配是鸡肉、土豆、辣椒和皮带面。

自从沙湾通了高速公路，312 国道上的大货车越来越少。李士林和高传科的店都从"大盘鸡一条街"搬进了城里。他们虽然退守城里，但大盘鸡却早已传播出去，而且越传越快、越传越远，遍布全中国。1987 年，丰富的物产、多样的文化催生出了新疆大盘鸡。2018 年，大盘鸡入选中国烹饪协会评定的新疆十大经典名菜，正式成为新疆美食的代表。

一条公路，东西往来，比古代丝绸之路更加便捷通达。鸡肉、土豆、辣椒、皮带面，在大盘中相互交融，彼此成就。英国著名历史学家汤因比曾说，如果可以选择出生的时代与地点，他愿意出生在公元一世纪的中国新疆，因为那是多种文明交汇的地方。

各族人民的美食风采展示着他们的地域文化及内涵，

走向全国的大盘鸡

大盘鸡、椒麻鸡、千变万化的土豆、不变的辣椒……各种食材碰撞擦出的烟火一起创造出一道道经典不衰的佳肴。当你细细品咂这些佳肴，你会发现，舌尖上不仅仅有滋味，还有新疆的人文情怀。

一种美食能够成为民族融合的象征，这，只能发生在新疆！

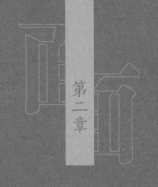

第二章

面面俱到

拉 条 子

奇台拉条子

 又叫拌面，是新疆人最主要的快餐面食。新疆有句俗语"三天不吃拉条子，身体就像打摆子"，充分证明了拉条子在新疆饮食结构中的地位。拉条子对新疆人来说，百吃不厌。而让新疆人恨不得餐餐拌面的原因不是五花八门的面码，而是那看似寻常的面条。

拉条子的精华，在于面。奇台盛产小麦，奇台人家家户户都会做拉条子，一天三顿都离不开。当地人制作拉条子的原料正是远近闻名的奇台面粉。在奇台，天山北麓雨水充沛，小麦生长的周期最长可达三百天，昼夜温差可达十五摄氏度以上，全年光照时间超三千小时。这些天然的因素，造就了奇台小麦蛋白质含量高的特点。这里的小麦香味浓郁，品质极好，用它制造出来的过油肉拉条子，色泽诱人，口感劲道柔韧。

在奇台，一提起拉条子大师傅，行内行外皆知，李刚首屈一指。他是地地道道的奇台人，从事餐饮行业已

经快三十年了。李刚祖父那一代人，从山西和陕西来到新疆奇台，并将秦岭一带制作面食的手艺与奇台高质量的小麦相结合，碰撞出了在新疆独树一帜的奇台拉条子。

"拉条子最重要的步骤就是和面,这是坚决不能偷懒的。水要控制在多少度、面要配合多少克盐，都有着精确的要求。这样一套精细标准的流程，才有可能做出口感最棒的拉条子。"李刚说，微量的盐可以促使面筋的形成，让面团拥有更好的弹性和延展性，而冷水和面，增加了韧性，使面条爽口筋道，不易破碎。

李嘉明是李刚的儿子。起初，李嘉明的梦想是成为一名体育老师，可无奈一毕业就被父亲带回奇台学拉面。愤怒、不解和不甘一直困扰了他很久，以至于回家的第一年，他和父亲的沟通就只剩争吵。

李刚是在面案旁长大的第四代，他有一个执着的念头，就是把拉条子的绝活传承下去。李刚对饭店的年代极其敏感，每当看见那些百年老店，他都会心里一动。奇台有啥，还不是那根面？可眼看老厨师的子女们都没有传承，他不免焦急。"这是多少年一代一代人的努力，传承到我这儿，我要把它传承下去。"李刚说道。

　　父子之间的冷战持续了两年，破冰的时刻终于来临。一次，李刚外出，赋闲在家的李嘉明感到坐立不安。他看店里人手不够，想去帮忙却无从下手，这让他很懊恼。他觉得，既然自己已经在这里了，那就做些力所能及的事吧。李嘉明开始给父亲帮忙，慢慢地，他看到了另一个父亲，一个被许多人所需要的父亲。

　　李刚经营拉条子店三十多年，很多老顾客也追随了他三十多年。这些客人来到后，必须吃到李刚亲自下厨做的拉条子才满足。李嘉明最初很难理解，为什么普普通通的一个拉条子，人们却那么执着于父亲的手艺，自己从小吃父亲做的菜，感觉也就不过如此。那些老顾客对他说："小李子你不知道，你爸这个饭，我们从你都还没有的时候就一直吃，吃到现在都老了，你说我们对这口有多好。这个东西有学问，有门道！"

　　李刚把面当作有生命的个体，认为从最初手里的面粉到最终呈现在面前的拉条子是一个与面交流的过程。李刚深知儿子的脾气和秉性，他愿意花时间等儿子领悟的那一天，就像对待一个面团一样，拿出足够的耐心和诚意去敲打。李刚慢火细熬，终于将儿子领到了自己的道路上，他希望儿子把拉条子作为一种爱好，而不仅仅是一份事业。

一扇门，在李嘉明面前慢慢打开。

即使现在和面已经机械化，李刚还是要求儿子从手工和面开始。冷水面团具有韧性强、拉力大的特点，需要把全身的力量集中到手上。想要把面和匀，相当费力气。和面考验的是人的耐性和韧劲，一定比例的水、盐、面粉，不需要任何称量，凭借的完全是手艺人多年的经验。

从细腻清香的小麦粉慢慢变成光滑筋道的面团再到粗细均匀入口爽滑弹牙的拉条子，这其中隐藏了不少汗水与磨练。在一开始的学习中，李嘉明不以为然，他说："刚开始我觉得，和面嘛，很简单，水倒进去搅一搅，和成面疙瘩，拉成条，就出来了。和面过程中捏一下面的湿软硬度，都刚刚好的话，就再揉一下。但是后来我觉得门道多，我爸说让我用手揉，他一推一拉，我就不会了。"

李刚用三十年的时间，通过双手领悟一团面。一根拉条子的形成，从和面、揉面、盘面、搓面、抻面、拉面，到最后装盘，都不能出现任何误差。任何人拉出来的面都能下，但下出来的面软硬粗细却只有一个标准，这就是功夫。"这个面的学问太多了，一行技术有一行技术的门道，慢慢我就开始对这个东西感兴趣了。我父亲从刚开始的为了挣钱，到变成手上的一种功夫、一种文化，再到最后把这种文化做成老字号，这确实厉害，也是我最佩服的事情。"李嘉明说。

奇台拌面，以面为主，以菜为辅。无论用什么配菜，衡量一碗拌面好吃与否的，最终还是面的质地。"我们这个行业有句话，面好了费菜嘛，你面好了，就多拌菜，

面不好，又硬又僵，他就不想吃菜了。"李刚说道。出锅过冷水，使得面条更加劲道爽滑，新疆人的热情与豪放尽数融于其中，无论搭配哪种炒菜，面始终不变。熟悉的麦香，熟悉的口感，熟悉的味道，为了这一分满足，食客们愿意等待。

　　经过与父亲两年的深度磨合，李嘉明已经完全理解了父亲，他也准备好了开启自己的拉面旅程。

拉 条 子

　　"拉条子"是新疆拌面的俗称，属于手工鲜食白盐面条的一种，是新疆人的主食之一。

　　一根拉条子的形成少不了六道主要工序：和、揉、盘、搓、抻、拉。看似简单的流程其实大有乾坤。和面时要用冷水和一定量的盐，微量的盐使得面团拥有更好的弹性和延展性，而冷水和面，增加了韧性，使面条爽口筋道。一推一拉的揉面方式，令面更富弹性。揉好后把面团均匀分成小块再捏成长条，以一端为中心点盘成圆形，抹上油发酵一会，入锅前，搓成粗细均匀的细条，抻面时双手盘绕，轻微地上下抖动，最后拉几下放入沸滚的锅中，面熟捞出锅过冷水。每一步，都是拉条子柔韧劲道的基础。

　　面食特有的柔软包容，在拉条子上演绎得淋漓尽致。西红柿鸡蛋辣子、过油肉、芹菜炒肉、辣皮子滚肉……每一道菜都与拉条子和谐地融合。一盘拉条子，菜面分开上桌，把菜浇盖在拉条子上，用筷子上下搅拌，就是常说的拌面，滴少许醋调味，或是剥上几瓣生大蒜，瞬间食欲大开。每一种不同的菜便是一份不同的拌面，但同样的拉条子却在托克逊、伊犁、喀什等地上演着各自的故事，创造出鲜明的饮食特色。

　　如果饮食能反映出人生百态，那么拉条子所传达的，便是人们包容柔韧的生活姿态。

巴里坤蒸饼

制作巴里坤蒸饼

天山东北部的巴里坤流传着一首童谣："天爷天爷大大的下,蒸下得馍馍车轱辘大。柜柜箱箱盛不下,摞到房上房压塌……"它描述的是端午多雨时,人们冒雨做蒸饼,庆贺端午节的情景。在巴里坤,端午节做蒸饼是一种习俗,祈求来年风调雨顺、五谷丰登。

每当端午来临之际,赵瑞英夫妇都会在家附近的湿地采摘锦鸡花,当地人也叫它刺玫。端午节的传统食物,需要锦鸡花的参与。

一般人家做蒸饼,需要涂抹至少三种以上的颜色,

大多为红、黄、绿三种最基础的颜色，分别对应着红曲、姜黄、香豆子。讲究一些的人家还会多加一两种色彩，用黑芝麻或胡麻籽粉增加蒸饼的香气。如今，虽然这些食品颜料都可以在市场上买到，但赵瑞英家几十年来一直坚持用当季的植物来配置其中的一两种颜料。用锦鸡花替代姜黄，可以避免姜黄的苦涩和辛辣。锦鸡花只在春末夏初盛开一次，花期仅有一个月。赵瑞英夫妇选择这种黄色的小花制作颜料，是因为花开正当季，可以最大限度地保留花的新鲜清甜。

当天晚上，赵瑞英就将采摘回来的锦鸡花淘洗干净。两天后，这些花瓣才能彻底晒干。等待黄色花瓣晒干的时候，赵瑞英夫妇在自家菜地里采集另一种绿色颜料——香豆子。在新疆，香豆子一般种在田间地头，这种果实甚至全株都可食用的植物，含有独特的香豆素，散发着炒熟的板栗味。采摘之后需要使劲揉搓，挤掉叶子里的水分，再晾晒除水。去掉了草和豆的杂味，会比市场上购买的香豆粉味道更加清新。花瓣和香豆叶晒干后，用杵反复捶打，直到将植株变成细末。红、黄、绿加上面的白，是四季的颜色。夫妇俩精心准备，把巴里坤的原野装进小院。这些来自天然的颜料和香气，对孩子们而言，便是家乡的味道。

赵瑞英夫妇都已年届八十，七个子女平时都在上班，难得相聚。二女儿杨小娟制作面食的手艺深得母亲的真传，经常被一些重要的聚会请去做蒸饼。家宴中，她是责无旁贷的主厨。端午当天一大早，她就赶回娘家帮忙。外孙女赵琴在几百公里外上大学，蒸饼在每一个花季伴

巴 里 坤 蒸 饼

她长大。赶回家吃蒸饼，对她来说犹如不误花期。

随着家人陆续到来，原本冷清的小庭院内开始热闹了起来，瞬间充满了欢声笑语。短暂地闲聊后，大家便要开始制作端午节的蒸饼了。赵瑞英和女儿们各自分工，首先是和面。发酵后的面团需放入碱，碱会改变面筋的结构，使面团更具弹性和韧性，同时还能中和酸味。但碱的用量，完全依靠个人经验。等面醒好，擀成薄饼状，接着便是蒸饼制作中最具创意的一道工序——撒颜料。此刻，面饼是画板，巴里坤女人的手则是画笔。来自不同食材的颜料被涂抹成巴里坤的雪山、田野、森林和河流，同时巴里坤大自然的香味也被糅合在一起。抹好之后，将面皮轻轻卷起，盘成圆形，一层一层叠成塔状，再擀一个合适大小的面皮盖在垒好的卷上，最后放入热气腾腾的笼屉上蒸制。即使女儿做蒸饼已经驾轻就熟，赵瑞英还是会在关键步骤指点一二，这种传承，是传统面食得以延续的主要方式。

暄软蓬松的蒸饼出锅了。锦鸡花的清甜、香豆子和黑芝麻的浓郁香气混合着面粉的麦香，切开后，切面是色彩鲜艳的小卷，它包含了自然四季的轮转，绿、红、黄、白分别寓意着春生、夏长、秋收、冬藏。蒸饼里四季轮回的颜色，象征着老百姓顺天应时的日子。

人间的温情和山水的美丽一起糅合出巴里坤蒸饼的独特味道，人们以这样的方式与亲人、自然相会。对巴里坤的远行人来说，每年一次的蒸饼是一定要回来吃的。饼是巴里坤山水的模样，也是一种奇妙的味觉享受。

巴里坤蒸饼

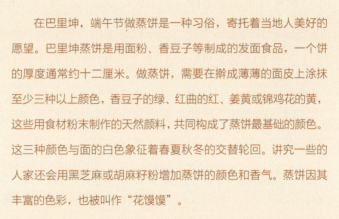

　　在巴里坤，端午节做蒸饼是一种习俗，寄托着当地人美好的愿望。巴里坤蒸饼是用面粉、香豆子等制成的发面食品，一个饼的厚度通常约十二厘米。做蒸饼，需要在擀成薄薄的面皮上涂抹至少三种以上颜色，香豆子的绿、红曲的红、姜黄或锦鸡花的黄，这些用食材粉末制作的天然颜料，共同构成了蒸饼最基础的颜色。这三种颜色与面的白色象征着春夏秋冬的交替轮回。讲究一些的人家还会用黑芝麻或胡麻籽粉增加蒸饼的颜色和香气。蒸饼因其丰富的色彩，也被叫作"花馍馍"。

　　抹好颜料之后，将面皮轻轻地卷起来，随后把这些卷盘成圆形，叠成塔状，再擀一个合适大小的面皮盖在垒好的卷上，最后放入笼屉蒸制。

　　晾凉切开，天然食材的味道芳香四溢，断面鲜艳似锦，仿佛一副自然的画卷在眼前展开。融合了自然之味的蒸饼，成为巴里坤人的端午记忆。

炒 小 麦

在《山海经·海内经》中曾有如下记载："有丁令国，其民自膝下有毛，马蹄善走。"所谓丁令国，即当时贝加尔湖以南直到阿尔泰山一带从事游牧的我国北方少数民族。

阿加勒是阿勒泰地区的一名哈萨克族妇女，生活在牧场的她擅长制作一种适合游牧生活的方便食品——炒小麦。小麦的胚芽可以补充维生素 B，是牧民平衡饮食的重要食材。

炒 小 麦

炒小麦之前，她要先筛选出颗粒饱满的小麦。阿加勒的动作如行云流水般娴熟，小麦在筛子里快速翻滚，杂质灰尘从筛网里掉落。将筛好的小麦放入臼中清洗舂捣，分离附着的种皮。失去了种皮的小麦暴露出光润的籽粒，为了保留较完整的小麦籽粒，还要将其晾晒后再次放入臼中轻轻打磨，除去残留的表皮，最后再放入锅中炒制。炒小麦质脆味香，携带便捷。哈萨克族人民在漫长的游牧生活中，创造出了带有他们特点的独特饮食文化。

炒　　　小　　　麦

炒 小 麦

　　炒，是麦子最原始的吃法，可以最大限度地保留麦子的原香。炒小麦，是一种适合游牧生活的方便食品。

　　将颗颗饱满的小麦捶捣去皮，随后放入锅中翻炒焖熟，便成就了一道麦香扑鼻的炒小麦。炒熟的小麦加入一两片羊油，捣碎拌匀，麦粒变得绵软易消化，香味更浓。由此制成的小麦炒粉也深得当地的老人和孩子所喜爱。

　　曾经作为干粮的炒小麦，如今更多地用来喝茶佐餐，茶碗底部放一勺炒小麦，倒入奶茶，就是一顿饱腹可口的早餐。

　　小麦炒粉是小麦的另一种做法。比起颗粒饱满、有嚼劲的炒小麦，小麦炒粉更适合老人和孩子。小麦炒熟后，在臼中放入一两片羊油，将麦粒和羊油一起捣碎拌匀。数次捶捣揉捻后，小麦变得更加光滑，香味也更加浓郁。

　　两种炒小麦的做法，都保留了小麦的全部营养成分。用灶火炒出来的小麦，是哈萨克族人喝茶佐餐的必备美食。一道简单的炒小麦，见证了牧民从游牧到定居，麦田与草原的相遇和融合。

塔 巴 馕

八月中旬，塔城托里县草原的夏季牧场临近尾声。

古尔邦节前一天的傍晚，米热阿姆古丽一家要回到居住地。她要做一些哈萨克族特色的面食，招待亲朋好友，尤其还要特别制作几个塔巴馕，带给其中一位特殊的客人。

塔巴馕是哈萨克族的传统面食，米热阿姆古丽是从妈妈那里学来的。首先，往准备好的面粉里放一撮酵母和黄油，接着倒牛奶、打鸡蛋，最后再加水。反复用力揉打后，面团不但没有"妥协"，反而更有韧性。待黄油、牛奶等充分融合，看似软绵绵的金黄色面团，表面散发着不一样的光泽。和好面后，还需要发酵两个小时。

等待面团发酵的这段时间，丈夫叶尔木哈买提就要开始准备燃料了。牧群犹如流动的燃料生产工厂，晒干的牛粪，保证了草原生活的燃料供给。将牛粪垒成塔状点燃，待燃料塔不再冒烟时，将塔巴放在上面预热。所谓"塔巴"，就是两个尺寸相同的小型无柄平底锅。

发酵之后的面团已经非常柔韧了。米热阿姆古丽熟练地将面团揪成剂子，按压扁平。由面团变成面饼之后，

制作塔巴馕

塔　　　巴　　　馕

再用馕戳子在表面戳几下，馕也就初现雏形了。将其放入预热后的塔巴内，将两个塔巴扣在一起，埋入已经燃烧充分的牛粪中。烧透的牛粪保温时间长，而且不会因为温度过高糊化。热力通过塔巴，传递渗透到面团中。二十分钟后，塔巴馕新鲜出炉。

塔巴馕外表松脆，内里暄软适度。温热扑鼻的麦香味，挑逗着味蕾，牛奶中的乳糖、脂肪和蛋白质等物质，经加热所产生的化合物使得塔巴馕具有迷人的奶香味。

古尔邦节如期而至，一大早米热阿姆古丽就迎来了她的特殊客人——陈阳一家。

陈阳生活在托里县城，很少能有机会吃到这么地道的塔巴馕，一个偶然的机会，他尝到了米热阿姆古丽制作的塔巴馕。于是，这道出自米热阿姆古丽之手的"独家美食"，便深深地刻在了他的脑海里。在参观完塔巴馕的制作过程后，陈阳深有感触，萌生了通过网络帮助米热阿姆古丽推销塔巴馕的想法。网络销售的方法既不耽误阿姆古丽在家照顾丈夫，又可以为生活增加一点收入，于是陈阳便开始了他嘴里所谓"跑跑腿"的工作。接到订单后，陈阳会带着前一天做好的塔巴馕来到邮局，将这些馕寄往全国各地。从此，又有一道美食走向了更广阔的天地。

小麦与塔巴、农耕与游牧，哈萨克族人民在不断融合的文明中，适应自然并利用资源创造出独特的风味。流动的家园在四季变换中成长，我们在哈萨克族炒小麦散发着的麦香里、在烤塔巴馕冒出的热气里，感受到一个民族的悠长历史。

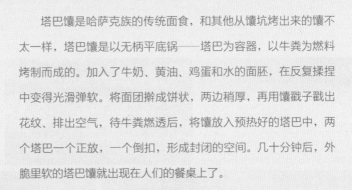

塔 巴 馕

　　塔巴馕是哈萨克族的传统面食，和其他从馕坑烤出来的馕不
太一样，塔巴馕是以无柄平底锅——塔巴为容器，以牛粪为燃料
烤制而成的。加入了牛奶、黄油、鸡蛋和水的面胚，在反复揉捏
中变得光滑弹软。将面团擀成饼状，两边稍厚，再用馕戳子戳出
花纹、排出空气，待牛粪燃透后，将馕放入预热好的塔巴中，两
个塔巴一个正放，一个倒扣，形成封闭的空间。几十分钟后，外
脆里软的塔巴馕就出现在人们的餐桌上了。

库 车 馕

　　天山是一道自然的屏障，造就了南北两边风味迥异的面食。天山以南的馕，用更传统而筋道的方式演绎着小麦。馕，在新疆人的生活中占据着近乎神圣的地位，尤其在重要场合，馕是必需品。

　　新疆库车，男方提亲时，会拿着洁白的包巾到馕店购买五张大馕，和其他礼物一起带到女方家中。这样，一场以馕为聘的提亲才算圆满。提亲用的馕，当然要到

热西提那里买，因为他是库车大馕的传承人。

制作库车馕

库车馕 以大闻名，以薄著称。因为薄，更容易制出酥脆的表皮，内里柔韧的口感。表层的酥脆需要更严格、精准地控制炉温。作为库车馕的传承人，热西提深谙其中奥秘。

美好的事物总是需要等待，时间也总是会烘烤出最美味的食物。在库车人的心中，打馕一定要用杏木。夜晚，把木头放在馕坑内点燃。杏木含油少，经过一夜的燃烧，成为木炭。第二天一大早，向馕坑内撒入盐水。盐水的吸热和散热能力强，使馕坑能够快速降温，这个过程中产生的水蒸气，又调节了湿度。炭火没有烟，热力持久稳定，调整炭火，让温度达标。

馕在高温与时间的共同作用下逐渐变得焦黄，这就是热西提最爱的宝贝。时间也在热西提的脸庞上刻下了痕迹，刻下了他与库车大馕四十年的美好故事。热西提是第五代"馕王"，与馕携手共进了大半辈子。每天与面粉和烤炉打交道，热西提的身上总是沾染着小麦粉的清香以及新鲜出炉的库车大馕散发出来的烟火气，以至于他从别人身边走过，人们都会问一句：你是打馕的吧？热西提对待每一单生意、每一个大馕都十分认真仔细，他把馕视作他的第二个孩子、他的生命。一双手能够把控好所有材料的用度，一只胳膊能够随时探出馕坑内的温度。

库车馕的柔韧性口感，隐藏在和面的技巧中。加入一定比例的盐水，既保证了酵母发酵的稳定性，也增强

库　　　车　　　馕

了面筋的强度。在热西提看来，只有用拳头使劲和面，馕才会变得更加美味。反复用力揉打，使看似绵软的面团产生支撑力，包裹住发酵产生的气体。所有的力量，都是为了留住空气。有了气体的参与，馕才能蓬松柔韧，具有弹性。揉打至面团出现孔隙、颜色发白时，揉面的工序就算完成了。揪成等量的剂子继续用力揉搓排出多余的空气，再次发酵后，就可以制作成馕胚入坑了。将馕胚按压至合适的大小，用馕戳子在表面戳几下再次排出空气，撒入洋葱或胡萝卜碎屑，以及黑种草籽。黑种草籽又名斯亚丹或黑孜然，浓郁的香气赋予了馕独特的风味。将馕胚旋转抻薄，盖住馕托，用力将整个馕胚附着在坑壁上。十几分钟后，香气四溢。

刚出炉的库车大馕，是漂亮的焦糖色，放在鲜红的绒毯上，宛如一个发光的太阳，给食客们送去温暖。脆脆的外皮，软嫩但不失筋道的内芯，洋葱和胡萝卜碎使得口感变化不单调。黑种草籽"播种"在属于馕的那片"土地"中，生长出了别样的滋味。哪怕相隔千里，食客们也会来到令他们魂牵梦绕的馕坑前，捧上一个库车大馕，与热西提唠唠家常。

热西提念念不忘的是关于馕的儿时记忆。对他来说，那才是最好吃的馕。面粉来自小麦胚乳，蛋白质和油脂蕴含在胚芽中。小麦中蛋白质的含量，决定了面粉的口感。热西提认为，现代工艺磨出的精面粉，缺少了小麦胚芽和麸皮中的风味物质，营养不全面，麦香味也相应减弱，打出来的馕很快就会变硬，而石磨面粉打的馕，即使不用桌布裹着，放进塑料袋里保存三四天，甚至一星期，馕也不会变硬。

　　寻找石磨面粉，成了热西提强烈的愿望。偶然间，热西提打听到，几十公里外的拜城有个水磨坊，他第一时间赶到那里。这家用水做驱动的磨坊承包了一个村子的磨面粉任务，但因为当地盛产玉米，人们经常制作的是玉米馕，所以磨盘只适用磨玉米面。但这次意外的收获，也让热西提打算将玉米馕推向市场。

　　热西提小时候经常吃玉米馕，黄色面粉对他有着天然的吸引力，他在附近的村庄里为自己制作了一个承载着他童年记忆的玉米馕。烤制玉米馕，温度需要比烤制库车大馕更低一些。四十分钟后，玉米馕产生裂纹，就可以食用了。新鲜品质好的玉米馕入口酥软，每咀嚼一

口，都会伴随着玉米最原始的清香。站在烤炉旁，热西提在风味独特的玉米馕中，品味着已经远去的生活。

热西提依旧执着地寻找可以磨小麦面粉的水磨坊。最终，在朋友的推荐下，他在一个村子里找到了。理想的面粉，合适的炉温，加上万分的诚意，热西提开始制作他心目中最正宗的馕。虽亲手筛面粉至深夜，但热西提享受那一刻的感觉，面粉与筛面网之间的碰撞仿佛是一段优美动听的音乐，令热西提沉醉其中。含有麸皮的面团，揉成剂子后进一步发酵，这样可使麦麸变得更软，更易于消化，还能调节肠道环境。亲手和面烤馕后，热西提迫不及待地邀请多年的老邻居们来一起检验石磨面粉馕的口感，享用"这四十年前的味道"。

任何为美味做出的努力都不会被辜负，被石磨精细研磨的面粉变得更加细腻，保留了小麦最本真的味道，做出来的馕比之前的多了一分柔软。受邀前来的邻居脑海深处的记忆被激发，所有人都记得这个味道，这个在他们心中有关馕的最原始最本真的味道。也许过不了多久，热西提的经营范围中就会出现全麦的库车馕。保持馕最珍贵的本味，是"馕王"生命中最重要的坚守。"没有馕的话就不会有生命，没有生命的话就更不会有馕了。我会从事这行直到我离开人世。"热西提说。

馕在中国的历史，长达三千年之久。"馕"为波斯语，意为"面包"，在波斯语传入新疆以前，维吾尔族人则以"埃特买克"来称呼馕。古时，馕被中原人称为"胡饼"。《续汉书》中记载："灵帝好胡饼，京师皆食胡饼。"由此可见，从西域传入的胡饼在汉朝时期便风靡于中原大地。

打馕是一种新疆人的"生活艺术"。烤馕前，通常燃烧木头以加热馕坑，用枯树枯枝燃烧后烤制而成的馕具有一种独特的木香味。炭火燃尽后，向馕坑内撒些许盐水，达到降温增湿的效果。将发酵好的面擀成面饼，末了用馕戳子在上面扎出细密古老的花纹，撒上芝麻、细碎的洋葱等辅料，然后一只手扶着馕坑边，另一只手将面饼底部贴在炽热的馕坑壁上。十几分钟后，混合着木香、麦香、芝麻的味道从馕坑里逸出，面皮酥脆，色泽黄亮的馕就出炉了。

馕与维吾尔族人的生活息息相关，婚丧嫁娶，馕都是不可或缺的食物。到一户维吾尔族人家做客，各式干果、糖、点心，用小碟小碗端上来摆满桌子，然后上茶，端馕。把馕掰开了置于桌布上，宾客们便可以各自取来吃。

在维吾尔族的饮食文化中，馕是最值得骄傲的存在。"他的馕是完整的"意为吃喝不愁，生活富足。"馕是信仰，无馕遭殃"这句谚语说明了馕在维吾尔族人生活中占据的位置。同样，对馕的珍视也衍生出了许多有关馕的禁忌，比如吃饭时，不能将馕渣掉到地上，要捡起来放在近前的餐布上等。

如今，随着各民族的交流融合，馕也成为各族人民所喜爱的食物。无论在大街还是小巷，人们总能闻到那股熟悉的馕味儿。馕陪伴一代又一代新疆人度过了他们的一生，突破了时间和空间的限制，历经千年依旧散发着它的魅力，成为新疆人的精神图腾，它所孕育出的"馕文化"也在代代的传承中历久弥新。

库 麦 其

和田策勒县的固拉哈马镇，存在着一种极具特色的美食——库麦其。

"库麦其"在维吾尔语中译为"烤饼"，是一种埋入炭灰或热沙里焖熟的馕。自古以来，牧民们揣上面团出门，在沙漠中只要有柴，就可以制作库麦其。直到现在，在塔克拉玛干沙漠边缘，人们依然用这种方法做馕。

大，是库麦其在新闻报道中的关键词。直径一米五、三米六、五米六……频频刷新世界纪录。2016年5月28日，在新疆和田疏勒县首届石榴花旅游节上，买买提荪·喀斯木兄弟就曾烤制过一个直径五米六的超大"库麦其"，用料、用时、人力、物力都堪称大工程，游客们纷纷驻足惊叹。

库麦其的大小是随食者多少而定的，除去特殊场合，库麦其多以普通馕饼的大小出现在餐桌上。

阿迪拉毕业之后，一直跟随援疆医生在医院实习。这一年，老师们一直在忙碌并没有机会认真领略和田的民族风情。恰好，这个周末医生们要去策勒县固拉哈马镇义诊，阿迪拉决定在义诊结束后给老师们一个惊喜。

库　麦　其

吉力力一家在固拉哈马镇经营了三十多年的库麦其店，在当地已小有名气，很多从内地来的游客都会去他的店里品尝库麦其。阿布力克木是第三代传人，大学毕业后就来店里帮忙，现在他已经是一个能熟练制作库麦其的师傅了。

制作库麦其

周六，吉力力一家接到了阿迪拉的订单，他们要赶在第二天下午两点前，在附近的沙漠中，烤制一个直径一米五左右的库麦其，这个任务落在了阿布力克木的身上。在沙漠中做这么大尺寸的馕，对他来说是第一次。最终，他决定用传统的方法完成这项挑战。一大早，阿布力克木和伙伴们就在沙漠中搜集枯枝，在远离树林的沙漠空地挖好防火沟。

烤制库麦其，最关键的步骤是将沙子烧到沸腾状态。还需要提前将面团擀成一大一小两张薄面皮，将腌制好的羊肉馅料铺在底层较大的面皮上，再盖上另一张薄面皮，最后将上下两张面皮捏合成花边，完成馕胚的制作。

三个小时之后，当沙子上面的柴火出现一种像水沸腾的热浪时，就表明温度到了，是时候进行烤制了。将馕胚放入热沙中，覆盖上纸张，既隔绝明火，又阻挡了沙粒和灰尘。只需要静待热沙将馕胚焖熟，即可完成最后的华丽转变。

热沙一直保持着沸腾状态，这时候最重要的就是把握好馕胚的成熟时机。大概四十分钟后，面皮在炭火的烤制下变成了黄色。根据已有的经验，阿布力克木判定库麦其已经烤制成熟。

　　与此同时，阿迪拉和援疆医生也准时赴约。金色的胡杨林下，滚烫的沙土上，外酥里嫩的库麦其，欢声笑语，一片和谐。援疆医生出于对生命的敬畏以及对医学的热爱选择奔赴远方，支援边疆；淳朴的边疆人民则用千百年来总结出的经验在这片炙热的土地上烹制出美食作为礼物回馈他们。

　　一堆火、一块面饼，激活了沙漠居民的创造力，这款用大地作炉、炭灰作锅，因地制宜创造出的美味，流传了上千年。

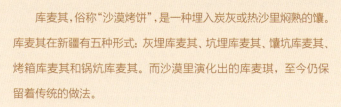

库 麦 其

　　库麦其，俗称"沙漠烤饼"，是一种埋入炭灰或热沙里焖熟的馕。库麦其在新疆有五种形式：灰埋库麦其、坑埋库麦其、馕坑库麦其、烤箱库麦其和锅炕库麦其。而沙漠里演化出的库麦琪，至今仍保留着传统的做法。

　　一张面饼上铺一层剁碎的羊肉和洋葱，然后取略小的一张面饼覆盖在碎肉上，合上两张面饼的缝，做成肉饼，肉饼大小可随食客的多少而定。随后在沙坑里用枯枝燃一堆火，待沙子变得滚烫，把馕胚放入热沙中，盖上纸张，再铺上一层热沙，大约半个小时，取出肉饼，拍掉灰尘，盘中的库麦其酥、香、脆，食用时用刀切成三角小块，洋葱与羊肉融合的香味瞬间被打开，似沙漠中的热浪一样热烈。

第三章

有米之炊

《有米之炊》

抓　饭

离海洋最远、降水稀少、气候干旱、百分之六十的地表被荒漠占据……然而这样的自然条件都无法阻止新疆人民种植水稻。即使在沙漠边缘，小小的绿洲上，人们也会寻找合适的土地种下稻米。也许正是因为稻米的稀少和来之不易，这里的人们以稻米为盛宴。

抓饭 在新疆人心中有着不可撼动的地位。它最初是用手抓食的，故因此得名。在最特别的日子里，抓饭是仪式感的象征，所以它又被称作"团聚饭"。虽然各个民族的不同节日有着不同的饮食习俗，但抓饭却几乎贯穿了维吾尔族所有的节日，在婚丧嫁娶这样盛大的场合更是必不可少。当有宾客前来拜访时，主人也会准备抓饭宴请宾朋。

　　抓饭的香令人回味无穷，制作抓饭的原料却很简单——大米、羊肉、胡萝卜。市面上常见的胡萝卜多为橙色，事实上，胡萝卜最初只有黄色和紫色。它们于一千多年前驯化改良于阿富汗地区，大约十四世纪才传入中国。黄色胡萝卜质地紧致，水分少，更甜也更耐储存，南疆的传统抓饭，必须是用黄色胡萝卜做的。近些年，南疆也有了橙色的胡萝卜。橙色胡萝卜水分多，有更浓郁的伞形科植物的味道，例如芹菜。除了味道好，胡萝卜还能让抓饭的颜色更好看，越来越多的厨师会选择用两种颜色的胡萝卜做抓饭。

　　乡村厨师阿布拉在各种场合都能显露自己的手艺。

比起烤包子，他更擅长做抓饭。这一天，他要用一锅柴火做抓饭犒劳在核桃厂上班的家人。阿布拉有一套专门做抓饭的设备——炉子和锅。炉子不漏风，聚火能力强，加热快；锅壁厚，深度像一口汤锅，底部又像炒锅，是弧形的，便于翻炒羊肉和胡萝卜。业界讲究"好锅配上好炉子和好火候，才能做出上乘的抓饭"。

制作抓饭

　　一切准备就绪后，阿布拉就开始烹制抓饭了。做抓饭可是一项技术活，阿布拉为了将抓饭做好曾特地拜了师傅，师傅把做抓饭的秘诀倾囊相授。什么时候用大火，什么时候放米，焖煮多长时间……这些都是师傅教给他的。现在师傅已经去世，而这份手艺便由阿布拉继承下来。

　　阿布拉往炉子内加入较粗的柴火，生起大火，开始翻炒羊肉。等到羊肉表面变成金黄色，就可以把切好的胡萝卜放入锅中继续翻炒。几分钟后，再倒入适量的清水，让羊肉和胡萝卜在高温下充分翻滚。做一锅好的抓饭，水与米的比例是关键。待肉汤由透明逐渐变成奶白色后，就要准备盛出多余的汤，倒入提前泡好的大米。之后，再根据大米的量将盛出的羊肉汤均匀地淋在大米表面。盛、倒、淋全过程中，最忌翻动。翻动不仅会让大米糊化变黏，还可能让米粒沉到锅底，造成糊锅。放入大米后，锅里的咕噜声变小了，这时候则要换成较细的柴火，让火势变得稳定，小火慢焖。轻轻地把上层和下层的米翻个个儿，彻底翻匀后再焖，就能让整锅米饱满一致。最后，撒上一层葡萄干，盖上锅盖，炉子里的余火会把饭慢慢地焖熟。

　　刚出锅的抓饭冒着热气，大米充分吸收了喷香的羊

抓 饭

肉汤和胡萝卜的丝丝甜气，十分透亮。胡萝卜由于烹制而变得小巧柔软，隐藏在大米之中，成为抓饭最特别的点缀。最后盛盘摆放在米粒上的羊肉则是点睛之笔，一口抓饭一口肉的满足能够瞬间犒慰每个疲惫的身体。

　　用柴火和铁锅熬煮焖制的抓饭一直被认为是最好吃的抓饭。随着技术的发展，有很多人也试图用新的烹饪工具做出"柴火和铁锅"的味道。

　　塞米在乌鲁木齐经营着一家餐厅，店里最受欢迎的菜品之一就是用柴火做的抓饭。可是几年前，因为环保和消防的需要，乌鲁木齐市禁止使用柴火，塞米必须做出改变。他决定用电磁炉代替柴火，但是当时市面上的电磁炉只有三档火力，无法满足做抓饭的火力条件。为了追寻记忆中柴火大锅烧制的传统抓饭的味道，塞米特意从厂家定制了一批电磁炉，火力可以在五十瓦到三千五百瓦之间任意调整。此外，他把锅也换成了厚重的铸铁锅。做抓饭的硬件设施具备了，但是如何才能靠近"记忆中的味道"呢？塞米和厨师用了一年时间才慢慢总结出经验：先用最大火力三千五百瓦煸炒羊肉；再降到两千五百瓦火力烹煮大米；最后用五百瓦火力焖饭。这样的火力能最大限度地还原传统抓饭的味道。

　　新疆南北，抓饭的种类和风味千差万别，但是有一个标准是业界公认的，那就是抓饭的饭粒儿要珠圆玉润、粒粒分明，吃起来口感劲道、弹性十足。塞米骄傲地说："我们师傅用电磁炉做出来的抓饭跟传统的抓饭没有任何口味上的差别。"电磁炉和小锅做出了传统抓饭的风味，他的餐厅也成为乌鲁木齐非常受欢迎的抓饭餐厅之一。

在距离乌鲁木齐一千多公里的和田，高中毕业生哈斯还有几天就要离开家去扬州上大学了。临走之前，她和妈妈打算用电饭锅做一顿抓饭，这对妈妈和她来说都是第一次。电饭锅不方便炒，所以要先用炒锅把羊肉和胡萝卜炒好。同时，电饭锅的煮饭程序不足以把大块羊肉煮熟，一定要等羊肉快熟了才能放米。这是哈斯第一次看到妈妈用电饭锅做抓饭，她很好奇，时不时就要尝一尝抓饭是否熟了。由于缺乏经验，电饭锅里的抓饭翻动过于频繁，米有些发黏，底部的米也有些糊。不过，这是一次有趣的经历。妈妈这么做，是希望哈斯在离开家后也能为自己做一顿抓饭，借食物寄托对家乡的思念。一家人围坐在桌边，吃着"不太成功"的抓饭，但品尝的依然是家乡的味道。提到哈斯将要离开的话题，妈妈不禁红了眼眶……离开家乡，去到扬州，从干旱少雨的沙漠边缘到风景秀丽的江南水乡,哈斯很兴奋,但对家乡、对亲人又有不舍。她决定，在收拾好的行囊中装上一些家乡特有的黄色胡萝卜，带给远方的同学尝一尝，这是广袤的沙漠腹地孕育出的香甜味道；如果有机会，她还想用黄色胡萝卜为远方的同学做一顿地道的抓饭，这是她能送给同学最好的礼物。

一盘抓饭不仅是一餐可以饱腹的食物，更是新疆人舌尖上的记忆、心尖上的宝贝。无论时光如何更迭，技术如何发展，我们对美食最原始、最传统味道的追求没有改变。无论走到哪里，那盘颗粒分明、色彩鲜艳的抓饭始终萦绕在心田。抓饭和其他新疆菜品一样，做法朴实自然，味道浓郁厚重，像极了生活在这片广袤土地上自然质朴、粗犷实在的人们。新疆还有无数极具特色的美食，等待着人们探索品尝。

　　抓饭在维吾尔族人心中占有很重要的地位，每逢婚丧嫁娶，或是有重要宾客到访，都要用抓饭款待。抓饭的做法并不复杂，配料也很常见，主要为大米、羊肉、胡萝卜。待油烧热后倒入羊肉大火爆炒，两面金黄后放入切成条状的胡萝卜，增添少许水熬出羊肉汤汁，先等锅中的水煮沸，再放入提前泡好的大米，控制好火力和水分焖煮即可。

　　装盘了的抓饭色泽诱人，大米由于吸收了羊肉的汤汁而变得颗粒饱满、晶莹透亮，胡萝卜由于水分的蒸发而变得小巧可爱，隐藏在大米之中，成为抓饭最亮眼的点缀，最后将羊肉放在上面，纵情享受肉与饭交融带给舌尖的快感。抓饭正宗的吃法就是用手抓食，拇指并至掌心，其余四指伸直，将米饭和肉块抓在一起，然后顺着盘子边来回抹两下，抓饭自然成一团，嘴一张，手一送，吃进肚里。隐藏在一盘抓饭中的，除了时间与温度的较量，还有千百年来新疆饮食文化的奥秘。

酸 奶 粽 子

　　端午节吃粽子是中国的传统习俗。南方人爱吃咸粽，北方人爱吃甜粽，风味各有不同。在新疆和田墨玉县布拉克的夜市里，有着"粽子公主"称号的米热古丽，正制作着一道让人念念不忘的甜品——酸奶粽子。粽子和刨冰搭配出售，让夏夜凉爽而甜蜜。

　　米热古丽回忆道："四年前，在博斯坦夜市，一个短发美女和一个胖乎乎的小伙子在拍我做的粽子。当时我不知道他们是记者，后来他们在网上发出视频，并夸

我的粽子好吃，于是我就成了大家口中的'粽子公主'。"

将糯米红枣粽从粽叶中取出，粽叶的清香和红枣的
甜蜜扑面而来。用木勺把粽子压扁放入小盘，倒入浓稠
的新疆手工酸奶，再淋上糖稀和果酱。每个初次品尝的
人都会惊讶于这里的粽子完全颠覆了人们对粽子的固有
认知。一口下去，同时拥有糯米的清香、酸奶的细腻、
果酱的浓郁和糖稀的甜蜜，口感酸甜软糯、甜而不腻。

和田酸奶粽子

和田酸奶粽子的历史并不长，但真正把粽子做出名
堂的是米热古丽的妈妈。和田地区一直有种植水稻的传
统，但是从来没有糯米。自米热古丽妈妈的爷爷学会包
粽子时起，粽子就是用大米做的，直到 1998 年，沙漠通
了公路，米热古丽的妈妈最先把大米换成了糯米。糯米
在内地并不是什么新鲜事物，但在和田，糯米的出现却
是一件重要的事。有了糯米，和田粽子终于成了真正的
粽子。

在和田，粽子一直是淋上糖稀吃的。糖稀的原料是
玉米饴，玉米饴可以健脾胃，但不够甜，需加入白砂糖
增味。玉米饴和白砂糖的比例决定了糖稀的甜度。熬制
好的糖稀红亮透明，味道清甜而不黏腻。二十年前，米
热古丽的妈妈不满足于淋了糖稀后的甜度，于是开始尝
试在粽子上加酸奶。因为增加了成本，还招来了很多同
行的埋怨。后来，当初那些埋怨米热古丽妈妈在粽子上
加酸奶的人也发挥了创造力，把酸奶升级成苏兹麦。将
还带着厚厚奶皮子的酸奶倒进纱布袋，用几个小时的时
间滤掉水分，新疆人称之为"苏兹麦"。苏兹麦质地绵

酸　奶　粽　子

密浓厚，有酸奶的味道和奶油的口感，再加上糖稀惊艳的甜，和田粽子终于华丽变身。

　　一只普通的糯米粽子，抹一层厚厚的苏兹麦，淋一层糖稀是标配。若是再加上自己熬制的无花果酱和榅桲果酱，就是舌尖上的甜蜜盛宴。酸、甜、奶香和果香一起在糯米上绽放，源自南北的两种食材就这样浑然一体，散发出浓郁的传统韵味，如同新疆这片辽阔的土地包容一切文化，使它们融为一体，如此完美，无可挑剔。

　　米热古丽成就了酸奶粽子，酸奶粽子也成就了米热古丽，她靠这双能制造"甜蜜"的双手撑起整个家庭。她的愿望很简单，家庭和睦，孩子们好好学习，日后有所成就。至于酸奶粽子事业，即使做不到大规模，但也要努力经营，好好生活，让这份美味能一直延续下去。

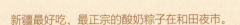

酸 奶 粽 子

　　新疆最好吃、最正宗的酸奶粽子在和田夜市。

　　酸奶粽子，最基本的吃法就是将粽子去皮后压平，在上面放一层酸奶。后来，人们渐渐不满足于这样的吃法，萌生出了更多创意。首先，将酸奶换成苏兹麦。苏兹麦是带有厚厚的奶皮子的酸奶过滤后形成的固态物质，其口感更加绵密，既有酸奶的味道也有奶油的香醇。其次，在粽子上淋上一层糖稀增加甜味。最后，又加入了更多诸如无花果酱、榅桲酱、葡萄干以及各类干果等新疆元素。酸、甜、奶香和果香在糯米上绽放，酸奶粽子摇身一变，成了夜市上最受欢迎的美食。营养变换为能量，味觉滋养着心情。食物，在新疆人眼中早已不仅是延续生命的必须，还涵盖着内里孕育的本真。

古拜底埃和拜列西

　　萨班节，塔塔尔族的传统节日。这一天，加哈要回
到村里帮婆婆制作参加萨班节的美食作品。加哈的婆婆
阿塞木汗擅长制作塔塔尔族面点，为了迎接萨班节，她
计划做十五种面点。其中最难做的一款点心名叫古拜底
埃，它是节日必不可少的重头戏。

　　在塔塔尔语中，古拜底埃意为"献给尊贵客人的宝
贵美食"。

　　在加哈看来，婆婆的脚不好，能去参加萨班节就足
够了，没必要让自己这么辛苦。但阿塞木汗并不这么认为。
塔塔尔族人以面食为主，但大米总会在特别的食物中出
现，制作古拜底埃就是要在面皮中裹入大米。虽说塔塔
尔族女孩从小学习做面点，但是会做古拜底埃的人并不
多。也正如阿塞木汗对加哈的回答："哎呀，这不是每
个人都能做的，要是我不做，谁会做呢？"

　　阿塞木汗有一本得之不易的菜谱，是用俄语、塔塔
尔语和英语写的，加哈懂俄语，研究菜谱需要加哈帮忙。
为了保证古拜底埃制作成功，加哈和婆婆决定先选一款

拜　　列　　西

大米制作拜列西，测试大米的口感。拜列西就是用面食
包着的大饼子。她们先用羊肉、洋葱、胡萝卜、干果烹
制大米。米，这种细小的颗粒有着较大的表面积，因此
可以更好地吸附其他食材的营养和味道。将烹饪好的米
包进面皮，铺平后盖上用面皮做成的"盖子"，拜列西
的外壳就像一个锅，盖子可以阻止水分流失，烤制的过
程中还可以掀开盖子，调整水的含量。经过两个小时的
烘烤，面饼外壳金黄酥脆，内部的米饭却仍然软糯滋润、
富有弹性。结果表明，这种大米可以实现古拜底埃的口感。

　　虽说拜列西和古拜底埃一样，都是把米包在面里，
但古拜底埃的制作却更为复杂。制作古拜底埃的食材中
最贵的是酥油。打酥油是个体力活儿，光是一斤的酥油
就需要二十斤牛奶和上千次的抽打。千般抽打后，牛奶
中的蛋白和脂肪就此分离，浮在液体表面的团状物质便
是酥油了。在游牧民族的生活中，酥油有着神圣的地位。
它是牛奶中最珍贵的成分，能让食物更酥、更软、更香，
能量也更高。塔塔尔族的面点离不开酥油的加持。

　　在古拜底埃配料的制作中，奶酪是最费时间的，因
为这是一种特别的奶酪——红色奶酪。食物中的氨基酸
和糖类在加热时会发生褐变，也就是美食界常说的美拉
德反应。不同于其他奶酪，红色奶酪的颜色是人为添加
的。熬煮奶酪加入的红冰糖水不但可以加速水分的蒸发，
还能促进美拉德反应的发生。而且煮的时间越长，奶酪
的颜色就越红。几个小时后，奶酪中的乳糖和蛋白质慢
慢发生了变化，逐渐变成了制作古拜底埃需要的淡红色。

将奶酪捞出装盘，放在通风处晾晒，山区凉爽的风，会让奶酪变干，晾晒时间越长，奶酪就越红。远远望去，醒目的颜色就像幸福的日子。

制作古拜底埃

萨班节的前一天晚上，阿塞木汗要开始制作古拜底埃了。她将用酥油、鸡蛋和牛奶制成的面饼铺在烤盘中，先铺入一层奶酪碎，再在第二层，也是馅料中最厚的一层，加入提前煮熟晾凉的米饭。为什么把米饭包在面皮中？阿塞木汗的婆婆告诉她，古拜底埃就是要把最好的东西都加进去。塔塔尔族的祖先是游牧民族，大米曾是珍稀之物。每一层之间都淋入微微加热变成液体的酥油后，阿塞木汗将半公斤酥油、半公斤奶酪和半公斤葡萄干置于第三层，然后悉心捏出面皮的花边，使其紧紧包裹住层叠的丰厚馅料。最后，在面皮上戳几个洞便可放入烤箱，剩下的就是等待美味登场了。

等待的时候，阿塞木汗笑着回忆起自己八岁那年。那时候，她的母亲认为她不会做饭，一发现她做饭便会训斥。因此她便趁母亲外出的时间悄悄地做，做完还要叫来同学、朋友们赶紧吃，生怕没等大家吃完就被母亲发现了。当时那种感觉像"打游击战"，几分惊险中还夹带着最初对亲手烹饪美食的向往。回忆中，香味伴随着时间的推移慢慢溢出烤箱……

一份古拜底埃足够二十位客人同时享用，手起刀落间，丰富厚实的内里馅料散发出诱人的香味，一小块儿就足以慰劳空荡的肠胃和挑剔的味蕾。当大米遇见塔塔尔族人民，巧手安排下，独具特色的古拜底埃诞生了。

古　拜　底　埃

音乐响起，萨班节上的人们围坐在各类塔塔尔族美食前歌唱、舞蹈。阿塞木汗非常喜欢这种载歌载舞的节日气氛，她也配合着音乐，舞蹈着融入人群，似乎连脚上的疼痛都被此刻治愈。

"这是什么？""这是烤包子吗？""这是面包吗？"

"这是古拜底埃！"

看到大家围绕着这些由她亲手烹饪的美食，交流着、谈论着、品尝着，阿塞木汗感到十分满足，这也正好契合了她参与萨班节的初心。她说："我们民族人口少，因此很多美食大家都不知道，所以我想把我们的民族美食推广出去，让正在消逝的塔塔尔族美食文化焕发生机，让大家看一看、尝一尝。"

伴随着萨班节的热闹与欢声，镌刻在基因里的味道在舌尖跳跃，独属于塔塔尔族的美食文化在此刻被铭记、流传……

古拜底埃和拜列西

　　古拜底埃是塔塔尔族的传统美食，制作工艺十分复杂，通常只有极富经验的老人才能做出正宗的古拜底埃。制作时，先将酥油、鸡蛋、牛奶制成的面饼平铺在烤盘中，而后将奶酪碎、煮熟的米饭依次平铺在面饼上，在每一层之间淋上酥油，也可以根据个人喜好放入一些干果，最后再制作一层面饼覆盖在馅料之上，放入烤箱烤制即可。古拜底埃外表酥脆，内里松软，不仅代表了塔塔尔族的饮食文化，也寄托了他们对甜蜜生活的向往。

　　拜列西也是塔塔尔族的传统美食之一，是家里接待客人时上档次的"硬菜"，也是登门拜访的好礼，被列为伊犁哈萨克自治州非物质文化遗产。拜列西形似一口锅，"锅壁"和"锅盖"是由鸡蛋、牛奶和羊油制成的面皮，"锅内"则是羊肉、土豆、洋葱和黑胡椒粉制成的肉馅。烤制成熟的拜列西香酥可口、绵软悠长。拜列西的形状寓意着一家人团团圆圆，家人们坐在一起分享这带着美好寓意的美食再合适不过了。

米肠子和面肺子

米肠子，顾名思义，是用大米灌制的香肠。在伊犁，人们想吃米肠子，就必须要吃面肺子。米肠子和面肺子各占半壁江山，人们按个人喜好搭配羊心、羊肚，淋入蒜汁辣椒，浇上热腾腾的牛骨汤，这一碗杂拼，吃着吃着，就被叫成了面肺子。伊犁人会在早晨，用这样一碗热汤唤醒新的一天。

伊犁六星街有一家面肺子店，因为店面整体用油漆粉饰成蓝色，所以店名叫"蓝墙面肺子"。这一天，张惜妍带几位朋友来吃她最喜欢的面肺子。伊犁人爱吃

面肺子米肠子，并对此有着独特的感情，甚至把它当作家的象征。

"我曾经在店里遇到一位姑娘，她很年轻，刚刚三十岁的样子，笑得特别明媚。然后她指着一个空座位问我，这儿有人吗，坐这儿可以吗？她随口跟我聊天："明天我就要到乌鲁木齐做手术了，走之前来吃一碗我最喜欢的面肺子，我今天要吃得饱饱的，说不定以后就吃不到了。'"张惜妍回忆道，"她得的是乳腺癌晚期，我当时就说那你吃吧，我请客。我相信她一定会康复了回来的，因为她放不下一碗面肺子的时候，她也放不下这个家，放不下家乡那么多惦记她的亲人。"

一碗普普通通的面肺子，在那一刻成为一个女孩的寄托和牵挂。

蓝墙面肺子的店主阿扎提是一位热情开朗，脸上总是挂着笑容的维吾尔族大哥。几乎每一天，他都悉心地经营着蓝墙小店，无论刮风下雨，他的店里总会亮起明亮温馨的灯光，给客人们端上一碗热腾腾的面肺子，化解心中的乡愁。阿扎提是在部队学的厨艺，复员后到苏州开了十五年新疆餐厅，因为上有老下有小，2007 年他回到伊犁。在苏州，他认识了很多朋友，熟悉了苏州人的生活，也重新认识了大米。伊犁的米肠子口感坚硬，阿扎提觉得，软糯而劲道才是大米最好的口感。

伊犁，被称为中国的"塞外江南"。来自大西洋丰富的水汽沿着伊犁河谷深入内陆，把伊犁变成了新疆自然条件最好的地方，湿润的气候、丰富的水源、充足的

米 肠 子 和 面 肺 子

阳光，滋养出了伊犁的大米。伊犁的米肠子用的就是伊犁察布查尔县的大米。察布查尔县的大米，直链淀粉含量和著名的五常大米不相上下，这样的大米完全可以既绵软又劲道。阿扎提多次实验，终于找到了让米肠子变软的方法。他发现拿开水泡大米，泡到半生不熟时，是灌进米肠子的最好时机。阿扎提一直认为米肠子的口感要柔软劲道，这样才算是吃到了最地道的米肠子，尝到了大米最醇最香的滋味，这也是阿扎提的米肠子和伊犁其他地方米肠子的不同之处。

对待大米，阿扎提像对待孩子一样温柔仔细。每天他都会拿开水浸泡大米，然后慢慢地搅拌揉搓，加入胡萝卜等其他蔬菜和各色调料，充分搅拌使其融合入味，待到大米吸水涨浮微微漂起时，再灌进肠衣里。这个过程，最要紧的便是掌握水量。米肠子如果水多了就会又黏又软，水少了则会又干又硬。阿扎提说，做好米肠子的最终秘诀就是用心。

白色的瓷碗里面盛着热气腾腾的牛骨汤，金黄绵密的面肺子，薄薄的肠衣裹挟着晶莹饱满的大米，轻轻一咬，肠衣爆开，口腔内部充满了浓郁独特的香料和大米的清香，绵软的羊心和爽脆的羊肚给予了食客们不同的口感体验。吃罢，有些人还会将碗中的牛骨汤一饮而尽，温润鲜香的汤汁顺着食道慢慢滑进胃部，感受暖意逐渐扩散到身体各个角落的过程。倘若在冷风呼号的天气里吃一碗米肠子，饮一口热汤，浑身舒坦到瞬间满血复活。

热爱家乡的伊犁人

无论冬天还是夏天，阴天还是晴天，人们总会吃得直不起腰，然后带着满足的笑意走出那家温馨的面肺子小店。在黄昏来临之时与家人或友人并肩漫步于伊犁六星街，看着四周被漆成不同蓝色的房屋建筑，听着当地居民弹奏的民谣乐器，望着孩童充满活力间的嬉戏打闹，靠在长椅上看着夕阳西下，边欣赏美景边回味着那碗面肺子。也许，人们寻找的归属就在那碗面肺子里。

米 肠 子 和 面 肺 子

　　米肠子，顾名思义就是将大米灌入羊肠中的一道新疆特色风味小吃。除了大米之外，还可加入羊心、羊肝、羊油、胡椒粉、鸡精等配料，这样做出来的米肠子既保证了本身的风味，还能中和其油腻的口感，蘸上醋和辣椒配成的小料，吃起来别有一番风味。

　　面肺子同米肠子一样，不过是把大米换成了洗好的面粉。面肺子既可以凉拌也可以爆炒。

　　新疆人通常会将米肠子和面肺子混合食用，一碗杂拼，米肠子面肺子各占一半，再加入羊心、羊肚、蒜汁辣椒，最后在浇上一勺热气腾腾的牛骨汤，这才是一碗融合了新疆元素的正宗羊杂碎。

新 疆 米 粉

　　吴春云是吴佳米粉的创始人，在以面食为主的乌鲁木齐，她想用米粉挑战拉条子。于是，用新疆羊肉做贵州羊肉汤粉的创意落地了。薄如纸片的羊肉、细软筋道的米粉搭配鲜美的汤汁，这让吴春云瞬间回到了故乡。

　　米粉对吴春云来说，是一种像空气和水一样不可或缺的东西。她最喜欢的，是只有在家乡才能吃到的剪粉。剪粉和贵州其他形状的米粉一样，是用当地籼米制作而成的。籼米的直链淀粉含量高，做出来的米粉绵软，只适合汤食或拌食。贵州湿润的气候使缺少黏性的大米，催生出专属于贵州米粉的食用方法。贵州米粉刚到新疆时，吃惯拉条子的新疆人只觉得口感过于柔软，因而反响平平。

　　为了让贵州米粉像新疆拉条子一样粗实筋道，吴春云尝试在米粉中加入富含支链淀粉的木薯粉和玉米淀粉增强米粉的韧性，但木薯粉和玉米淀粉到底添加多少，并没有现成的参考答案。吴春云不愿将就。为了做出让顾客满意的米粉，在七八十次试验后，她终于确定当淀粉和米的比例为一比二十时，米粉的口感达到最完美的状态。

要使贵州米粉为新疆人所爱，口感的问题解决了，还得过味道这一关。经过吴春云的细心观察，她发现新疆人对辣的喜好超出想象。新疆炒米粉的走红，首先在一个"辣"字。被大量辣椒和辣酱裹挟的米粉和配菜，光是舔舔筷头，都会有一种喷涌而出的灼烧感占据着口腔。

中国的辣椒之乡——安集海，位于天山南麓中段，准噶尔盆地南缘。日均十六小时的日照，使这片戈壁滩成为天然的烤箱。辣椒在经历了半个月的炙烤后，皮肉内的天然风味物质大量聚集。皮薄、肉厚、籽香，是大自然赋予安集海辣椒的独特风味。新疆人善于用不同的辣椒为食物增添别样的风味，安集海辣椒则完美契合所有的要求一举成为新疆拉条子、大盘鸡等必不可少的配料。

吴佳米粉的炒米粉用的辣椒便是新疆安集海的"炒米粉椒"和"猪大肠椒"。炒米粉椒在水中充分浸泡后，光泽亮滑，猪大肠椒却皱巴干瘪，但炒米粉椒的辣度却是猪大肠椒的十倍。猪大肠椒肉厚味甜，炒米粉椒爆辣如火，高温爆炒下，两种辣椒互补所缺，绵长的回甘满

安　集　海　辣　椒

足了味蕾。对新疆人来说，没有辣度就不能称之为炒米粉。

大块牛肉或鸡肉入锅，加入芹菜段炒出四溢的芳香，倒入炒米粉椒和猪大肠椒炒出辛辣的汤汁后，加入筷子粗细的米粉，一碗令人垂涎的新疆炒米粉就这么横空出世了。

乌鲁木齐中山路上的吴佳米粉店，是吴佳米粉"最老"的一间。二十多年前，吴春云的父辈经营时，贵州汤粉、炒米粉、拌粉品种齐全，炒米粉却格外受欢迎。如今想在乌鲁木齐吃一碗南方的米粉，是一件极其容易的事儿。米粉，已经摇身转变成为一道著名的新疆小吃，并且赢得了年轻女性的钟爱。

吴春云的家乡安顺，滋养了她最初的饮食习惯，也是她贵州米粉新疆化的灵感来源。贵州人吃拌米粉，调料不会一锅烩。西红柿酱、牛肉末、花生米、酸豆角，一定要分开制作。这样利于在食用米粉时可随意添加配料，每一碗米粉都能有自己的味道。一勺勺不同的调料汇聚在一碗米粉中，构成了贵州拌米粉的随心所欲。吴春云认为，从食用和制备方式来看，拌米粉更适合做连锁。于是，她把父亲经营时期火热的炒米粉变成拌米粉，这

新疆拌米粉

样一来，一份混合的鲜香辣酱便尤为重要。拌酱是吴佳拌米粉的独门秘籍，也是新疆拌米粉的灵魂。爆炒后的辣椒熬制一小时后，加上大块的牛肉粒或鸡肉粒，再熬煮一小时，使九种调料充分入味。把酱拌入米粉，最后撒上贵州拌米粉常用的酸豆角，味道有了更丰富的层次。一碗新疆拌米粉，像新疆拌面一般亲切，却又留下了南北融合的余香。

　　吴春云发现，物产分南北，但人对美食的追求却是那么相同。

　　其实，比语言和文化更早的融合是胃的融合。

第四章

鱼羊为鲜

《鱼羊为鲜》

柯尔克孜手抓羊肉

柯尔克孜族主要分布于新疆西部的克孜勒苏柯尔克孜自治州，是世居新疆的十三个少数民族之一。"柯尔克孜"是民族自称，意为"四十个部落""四十个姑娘"和"草原上的人"。

叼羊

叼羊 是勇敢者的游戏，这种集竞技、健身、娱乐为一体的马上运动很受柯尔克孜族青壮年男子的喜爱。叼羊运动在新疆游牧民族中流传较早，

且对抗性强、争夺激烈。一场叼羊比赛不仅能够检验骑
手的驭马技术和身体素质，还考验着他们的胆识和斗志。

在草原牧区，羊，是食材，也是衣着，意味着温饱。

生活在广阔牧区的柯尔克孜族男子艾斯卡尔喜欢自
言自语。艾斯卡尔的儿子正在读高中，一直住在学校，家
里面能听他滔滔不绝的，只剩下不善言辞的妻子帕夏古丽。
艾斯卡尔大部分时间都与羊群为伴，每天牧羊时，他都会
躺在海拔三千多米的草原上，朝着海拔四千多米、空无一
人的大山唱歌、说话，找寻心灵的慰藉。目标明确的羊群
一边大口咀嚼当前的美食一边移向更鲜美的草地，不一会
儿就有一半羊群翻过了山，不见踪影，留下显得孤苦伶仃
的艾斯卡尔。这时，他才停止嘀咕，起身追寻他的羊群。

艾斯卡尔家唯一有手机信号的地方在房间窗户的左
下角位置，于是移动手机变成了固定手机，这是艾斯卡
尔一家与外界联系的主要方式。艾斯卡尔喜欢听歌，山
地草原因他而回响着的那些歌，就是他在手机上学会的。

艾斯卡尔的家乡有一个好听的名字——托云。"托

云"在柯尔克孜语里意为"能吃饱饭的地方"。在托云乡，几乎家家户户都养羊。虽然这里的牧场海拔都在三千米甚至四千米以上，但当地的柯尔克孜羊耐高寒、善爬山，完全能适应这里的环境。

艾斯卡尔认为，世界上最好吃、最鲜美的羊肉就是柯尔克孜羊肉。他特别爱吃羊肉，尤其是羊尾巴上的肥肉。绵羊的尾巴就像骆驼的驼峰，主要以脂肪的形式储存热量和营养。但是现在，人们更喜欢吃瘦一点的羊肉，很少有人像艾斯卡尔那样。

乌恰县畜牧兽医局正在改良当地的柯尔克孜羊品种，提高瘦肉率以适应市场的需求。县里为改良而引进的种羊，叫巴特肯羊。巴特肯羊个头大、尾巴小、肥肉少，跟柯尔克孜羊一样耐高寒，但它也有缺点——耳朵太长。吃草的时候，耳郭拖地，时间一久就会发炎溃烂。改良的目标便是保留柯尔克孜羊百分之七十的特点，包括短耳的优势，再取巴特肯羊尾巴小的特点，以培育出更加精良的柯尔克孜羊。

艾斯卡尔家的羊也进行了育种改良，今年已经产下了第二代杂交品种。在妻子的帮助下，他用手机给品种改良后的小羊羔拍下"成长记录"。因为县畜牧兽医局的阿曼吐尔局长到乡里来了，艾斯卡尔要抓住机会，请他鉴定一下羊的培育情况。结果表明，艾斯卡尔与妻子的辛苦没有白费，培育情况很不错。

儿子达力力汗从学校回来了，艾斯卡尔非常高兴，不断念叨着"真好"。儿子带回来一个好消息：他考上大学了。看到父亲这么开心，达力力汗没敢把心里藏着的另一件事说出来。

家逢喜事，当然要宰羊庆祝。宰羊，是柯尔克孜族男人的必备技能，体现着男人的勇气、体魄和智慧。

宰 羊

还带有余温的羊肉下锅了。新鲜，是草原上做手抓羊肉最大的优势。食材越新鲜，调料就越简单，也越能凸显出食物本身的滋味。在托云乡这样的高原地区，水的沸点低，所以羊肉一般要煮三个小时以上。"咕嘟咕嘟"的肉汤逐渐浑厚，鲜美的肉香便从锅盖缝隙中溢出。

阿依古丽阿姨是艾斯卡尔家唯一的邻居，她被邀请来做客。与妻子和儿子的沉默寂静相反，阿依古丽与艾斯卡尔一同承包了席上的多言多语。"肉真好吃！想吃肉了吧，儿子？"艾斯卡尔一边把自己最爱吃的羊尾肥肉递给儿子，一边嘱咐儿子"大口吃"。

桌上的美味还有油加肝，也叫"白加黑"。顾名思义，就是把乳白色的羊尾和棕黑色的羊肝组合在一起的一种吃法。羊尾太过肥腻，羊肝油少口感干柴，二者都不宜单独食用。然而，将它们同时放入口中，咀嚼搅拌——羊尾浸润了羊肝，羊肝化解了油腻，两者取长补短、相

辅相成，瞬间成就了一道奇妙的美味。

品羊肉之鲜，唠父子之常。艾斯卡尔忘我地对着儿子唠叨："已经选了三所新疆的大学，被哪所学校录取了，就去哪所学校，好好上大学，认真学习专业知识，将来成为一个有用的人，找到一份好工作……想学什么专业都行，就是千万别选畜牧业，不然会像我们一样很辛苦……你的身体不好，不习惯这样的生活，没法到山上放羊……好吗，儿子？"他反复叮嘱儿子不要选畜牧业，不要将来像他们一样在牧区辛劳。

达力力汗没敢告诉父亲，他在志愿表上填写的专业就是畜牧技术。

人与自然要和谐共生，便要有度。六月底，转场的日子到了。艾斯卡尔一家要从春季牧场转到不远处雪山脚下海拔更高的夏季牧场，那里将彻底没有手机信号。

到达目的地之后，达力力汗打算告诉父亲他的梦想——他想像阿曼吐尔局长那样，成为一名优秀的畜牧业专家。他相信，热爱家乡、热爱草原的父亲，一定能够理解他的选择。

柯 尔 克 孜 手 抓 羊 肉

柯尔克孜手抓羊肉

　　柯尔克孜羊肉色鲜味美、膻味轻，其肉质呈漂亮的红色，宛如红柚宝石。乳白色的脂肪和水红色的瘦肉，对于柯尔克孜族来说就是自然赋予他们最珍贵的美味。

　　手抓羊肉，是柯尔克孜族人民最传统的美食。它的做法很简单：把肉切成大块，分肋骨、脖骨、脊骨、大腿、小腿及羊头、羊蹄、羊肝，放入装满冷水的锅中一起炖煮，调料只有简单的盐巴。往往越美味的食物所使用的调味越简易，等待的时间也越漫长。经过三个小时的炖煮后，传统的柯尔克孜手抓羊肉出锅。新鲜的肉质伴随着羊肉最原始的香味，这就是大自然赋予这个民族的礼物。

托克逊蒸羊肉

　　托克逊，一座素有"风库"之称的县城，地处吐鲁番盆地西部、天山南麓，西临乌鲁木齐。东低西高的地势使这里成为一个天然的"簸箕"，风一旦穿过狭道，便直直扑向托克逊的怀抱。

　　托克逊县的国营牧场位于郊外，这里的高度甚至略低于海平面。国营牧场的羊，几乎全部都是土生土长的古老羊种——托克逊黑羊（也称"吐鲁番黑羊"）。二十世纪六七十年代，牧民们曾经引进过

细毛羊，但经过生存法则的淘汰，现如今存活下来的
几乎都是黑羊。

托克逊黑羊"羊如其名"，它的皮肤是黑色的，按
照维吾尔传统医学的说法，黑色的东西有滋补身体的功
效，既能御风寒又可补身体，对病后或产后身体虚亏等
症状均有治疗和补益的效果，最适宜冬季食用，且营养
丰富，因此深受人们的欢迎。

托克逊黑羊喜欢食用野西瓜、野蘑菇、野葱、苦豆
子等独特的天然野生植物。但托克逊境内的牧场，大多
都是低洼的戈壁滩和盐碱地，土壤盐碱性高，适合生长
的植物少。也正是这种干旱、盐碱、多风的自然环境，
才孕育出了这里的主要植物——骆驼刺。除了能防风固
沙，它还是托克逊黑羊最中意的食物。骆驼刺的枝干上
长着很多刺，就连叶子也是一根根坚硬的绿刺，顽强地
吸收着地底深处的水分。托克逊黑羊能巧妙地避开尖骆
驼刺的伤害。其他品种的羊也爱吃骆驼刺，但会被刺伤，
从而引起口腔溃烂。除了基因优良、日照时间长等因素，
以带着丝丝甜味的骆驼刺为食也是托克逊黑羊肉质鲜美
的原因之一。

托克逊低海拔的地理特征，成就了当地的一道美味
佳肴。

国营牧场的副场长热扎克最近发现有几只羊状态不
太好，于是请来了兽医赛米。赛米让热扎克捉住了一只黑
羊，上前扶住黑羊的头，用手撑开羊的眼睛观察是否有异
常，随后又检测了羊的体温——体温正常。之后，热扎克

夹住黑羊的身体，赛米戴上听诊器仔细检查了羊的胃部。检查完毕，赛米对热扎克说，羊可能吃了不该吃的东西，导致消化不好，别无大碍，给羊喂一些胃药即可，不必担

托 克 逊 蒸 羊 肉

心。为了感谢赛米的帮助，热扎克要做一道菜。这道菜，是托克逊民间的一道美食——托克逊蒸羊肉。

蒸羊肉

蒸，这种烹制手法在新疆并不常见，但在托克逊普通人家的厨房里却司空见惯。海拔越低，水的沸点越高，蒸汽的热度也越强。以蒸的方式处理食材，效率会更高。

热扎克将羊肉切成大块，把姜、洋葱切成薄片，再将胡萝卜、土豆切成块状备用。接着，他在蒸笼的每一层放入切块的羊肉、羊排，铺上洋葱、姜片，撒上花椒和盐。每层食材准备就绪后，便可以盖上盖子放在炉子上蒸制了。至于味道，就放心地交给时间吧。

上锅蒸大约四十分钟，托克逊蒸羊肉就做好了。揭开盖子的一刹那，白色的蒸汽带着羊肉和萝卜的清香腾空而起，幸福感扑面而来。经过蒸制后的羊肉吸收了充足的水分，肉质肥美、皮薄肉嫩，撕开一块羊排，筋肉在阳光下回弹，入口绵软，一咬即烂。辅料和配菜在高温下充分入味，香味浓郁、口感鲜美。

普通的调味品及简易的制作方法，使得托克逊蒸羊肉保留了最天然、最鲜美的口感，也体现了托克逊人民最质朴的生活状态。

何以解忧？关于这个问题，答案可谓众说纷纭。但对于托克逊人民来说，一盘蒸羊肉，足矣。

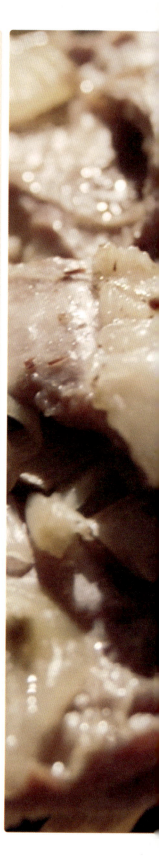

托 克 逊 蒸 羊 肉

　　托克逊黑羊属于新疆地区优良的肉用型绵羊品种，最早产于托克逊县。这里夏季酷热、冬季严寒、四季多风，独特的盆地气候，培养了粗纤维多、木质化强、多刺、耐盐碱、抗干旱的牧草植物。在新疆，传统的羊肉制法多半是煮、烤两种，而托克逊人民却选择了不太常见的"蒸"。托克逊蒸羊肉，采用极高温度的蒸汽来催熟羊肉，只需蒸四十分钟，美味便可出锅。水蒸气完美地锁住了羊肉最本真的香甜，肉质紧致，与粗盐、孜然、洋葱同吃，异常鲜美。

馕坑烤全羊

　　提起烤全羊，你的眼前可能会浮现出这样的画面：夜晚星光璀璨的草原上，一群人围着篝火载歌载舞，篝火上架着一只油光粼粼、被烤至金黄的肥羊……但实际上，这道大菜的制作流程并没有那么复杂，一个看似朴实无华的馕坑就足以给食客们呈现色香味俱全的烤全羊了。

　　2020年初以来，新冠肺炎疫情席卷全球。到了六月份，疫情带来的冲击好不容易有所减退，人们迫不及待地走出家门。阿布家的餐厅终于迎来了客人数量的暴涨，不过厨房的设备有些不够用了，他打算把家里那座废弃已久的馕坑重新利用起来。

　　馕坑是维吾尔族的一种传统灶具，通常由泥土砌成，主要用来打馕和烤制馕坑肉。这一次，阿布要用这座已经上了年岁的"老家伙"制作一道此前一般不会出现在馕坑里的美食——烤全羊。第一次驾驭这个庞然大物，他的心里并不完全有底。要想做好这道烤全羊并非易事，光靠馕坑远远不够，还需要与之

搭伙的"四件套"：棉门帘子、一根带有枝丫的木棍（充当羊签子）、几块木板和充足的泥土。

在正式烤制前需要将馕坑提前加热，趁着这会儿工夫，羊肉可以料理起来了。

在新疆，每一家饭馆的烤全羊味道都不尽相同，他们都有着自己的独门秘方，但大家有一个共同点，那就是一定要用"没结婚的羊娃子"（这是一句新疆土话，指的是当年冬天出生的羊羔子）。小羊吃着青草、喝着山泉水，长到六七月份还没来得及"结婚"，就上了人们的餐桌。

阿布的独家秘方包含鸡蛋和植物香料，这使得烤羊肉的口感微微辛辣却不油腻。将提前准备好的酱料均匀地涂抹至羊全身，这一过程像是在为羊做全身按摩，每一次酱料与羊肉的充分碰撞都注定会为最后的口感"添砖加瓦"。在涂抹酱料的时候，阿布的手会感到轻微的刺痛，但他喜欢这种感觉。一个技艺精湛的厨师靠的便是那双灵巧的手和极为敏锐的味觉与嗅觉。只见阿布的一双手在装满料汁的容器里轻轻搅拌，然后迅速将手上的料汁涂抹于羊肉表面。不一会儿，原本雪白的小羊羔就穿上了金黄色的衣服。

当一切准备就绪后，馕坑内的温度已经很高了，土质坑体被烧得滚烫。然而这时候，阿布反而要对馕坑进行洒水降温。这么做是为了增加馕坑内的湿气。经历过若干小时的加热，在馕坑土层的深处仍然保持着高温，最高可达三百摄氏度。那里的高温会反过来向温度较低的部位聚集，缓慢而均匀地释放热量，从而产生烘烤的作用。

在整个烤制的过程中，并没有火的影子。即使馕坑底部残留一些炭火，也会因为缺氧而熄灭。准确地说，羊肉是被滚烫的馕坑焖熟的。

将羊放进馕坑后，不代表工作结束，后续保温保湿措施更为重要，如果控制不好温度、湿度和烤制时间，烤全羊的风味就会大打折扣。这时，那些暂未登场的辅助用具便派上了用场：木板紧挨着坑体盖在坑口，棉门

馕坑烤全羊

帘子则打湿覆盖在木板上，最后用泥土掩盖住帘子边边角角的缝隙，确保馕坑在整个焖烤过程中的密闭性。

在密封且充满湿气的空间里，羊肉的水分被充分保留，这使得肉质的口感更加水润、细嫩。即便是火候过了些，羊身部分地方出现了散塌，也不妨碍它最后的口感。涂在羊肉上的神秘调料，从金黄变为焦黄，形成了一层酥脆的壳，散发着诱人的香气。刚出坑的羊肉最为鲜美，高温使得肉中的油脂溢出，平添了一份亮眼的色泽。将烤好的全羊剁开，满满一盘切块儿撕好的羊肉陆续端上餐桌，橘色的表皮之下是晶莹洁白的膏脂，附着在粉嫩的羊肉之上，层次分明。趁热一口咬下去，油脂四溢，表皮焦酥，吸足了油脂的精肉汁水充盈、入口即化，鲜香的滋味奔涌而出。食客们辅以缓解油腻的皮牙子和充当主食的芝麻馕尽情享受。没有过多的花样，没有精致的摆盘，最朴素的搭配也能给予人们丰富的口感体验。带有韧性的酥脆外皮佐以鲜嫩却不失筋道的内里肉质，每一口都能带来味蕾上的充盈，肉香在口腔中爆裂，一直蔓延到心尖。

尽管羊肉很快销售一空，阿布的心里还是有些介怀。为了呈现出更完美的烤全羊，他开始期待明天再一次使用那座馕坑，以弥补今天羊身略有散塌的小小缺憾。

羊肉，作为新疆人生活中必不可少的美食之一，总能以各种形式出现在新疆人的餐桌上。地道的厨师们总想着用什么样的烹饪方式才能不辜负新疆羊肉优良的品质，可经过多年的探索，我们逐渐明白：大自然赋予的泥土、树枝才是烹饪新疆羊肉的最佳拍档，馕坑中泥土的芬芳还有树枝的清香与羊肉相得益彰。

烤全羊所显现的是一种质朴的气质，就像新疆这片土地一样，厚重而奔放，浓郁而悠长。而对美食的用心和苛责已深深渗透在新疆人的性格里。或许是因为新疆独特的区域位置，博大而严酷的自然环境养成了新疆人忍耐、包容、爽直、乐观的胸怀，这种文化土壤一直浸润熏染着生息在这块土地上的人们。正因为如此，烤全羊才当仁不让地成为新疆美食的顶级代表，完美诠释着新疆味道。

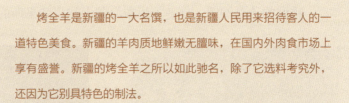

　　烤全羊是新疆的一大名馔，也是新疆人民用来招待客人的一道特色美食。新疆的羊肉质地鲜嫩无膻味，在国内外肉食市场上享有盛誉。新疆的烤全羊之所以如此驰名，除了它选料考究外，还因为它别具特色的制法。

　　馕坑烤全羊选择不满两岁的肥羔羊为主要原料，基本制作过程是：将羔羊宰杀后，去除蹄及内脏，温水洗净羊腹；用特制的木棍从羊尾穿入，羊颈穿出，再用钉子或削尖的木条钉在羊颈处固定好；将白面、盐水、蛋黄、姜黄、胡椒粉和孜然粉等调成糊状，均匀涂抹在羊全身；馕坑烤热后将坑内明火取出，把全羊从头至尾放入馕坑内，盖严坑口，并不断翻动观察。依靠坑内极高的余温，羊肉历经两个小时的烘烤，变成了人们眼中的饕餮盛宴。烤好的羊肉，外表呈焦黄色，有一层薄薄脆脆的酥壳，外酥里嫩，香味飘至千里。

芦草沟爆炒羊杂

　　爆炒羊杂——新疆家喻户晓的传统风味小吃，在新疆路边的饭店和巴扎里总是不难看见它。通常来说，"杂碎"是指动物的内脏，而炒羊杂，就是炒羊的内脏。新疆牧场的羊，肉质鲜嫩，品质优良，膻味不重。在这里，一只羊除了肉，羊肠和羊肚同样可以做成一道可口的佳肴。

　　霍城的芦草沟镇，是进入伊犁河谷去往霍尔果斯的

必经之地。312国道从芦草沟穿过，卡车司机曾是这里的主要顾客，他们一度带动了芦草沟的餐饮业。一碗奶茶、一份锅盔、一盘羊杂，是司机们最爱的套餐。

爆炒羊杂，是马婷的拿手菜。马婷是餐馆的老板，也是这里的主厨，爆炒羊杂自然成为她们家的招牌菜。马婷是跟婆婆学会的炒羊杂，婆婆退休以后轮到马婷来当家。

要做出一份好的爆炒羊杂，关键并不在炒，而在于炒之前对食材的处理。洗羊内脏要比洗羊肉烦琐得多，费工又费时。一副肠肚在炒之前，往往要来回翻转洗上十多遍，然后在清水中浸泡一夜。清洗浸泡后，并不能直接用来炒制，还需要长时间的炖煮。煮过一遍后，用刀切成一厘米宽的条状，接着再煮一遍。别人家可能就煮一次，马婷则要把羊肚羊肠一起煮后，单拿出来再煮一次，这是她们家的特点。煮第二次的时候她会加入自制的秘方，羊肚羊肠的膻味儿就这么在文火的炖煮下慢慢被"降伏"。

从灶台里窜出的火冒着火星，马婷和婆婆手下的炒羊杂，就是在这充满着人间烟火气的灶台上烹饪的。锅中倒入油，待油升温冒泡后，放入切好的羊肚和羊肠，沸滚的清油裹在嫩白的羊杂上，充分利用一切热量，只为爆出羊杂的香味。颠勺、翻炒，加入洋葱、蒜末、青椒和红椒，炙火顺着锅底一直蔓延到锅中。一通爆炒后，蔬菜的香甜辛辣和羊肚的鲜香融为一体，在整个厨房弥漫开来。几分钟的时间，便可装盘上桌了。这道香辣入味的爆炒羊杂，用独特的味道讲述着新疆芦草沟的故事，征服了无数司机和游人的味蕾。

爆　炒　羊　杂

爆炒羊杂

除了在后厨做菜，马婷也会到前厅询问顾客的意见，改进做菜的方式，将最好的美食体验反馈给顾客。人与人之间的距离，就这样被一道爆炒羊杂逐渐拉近。这道两代人传承烹饪的美食，历经四十年的洗礼，口味依然不改，在霍城这座小城里，沉淀着独特的风味与情怀。

后来，芦草沟旁边修了一条高速公路，312 国道一下子就冷清了。渐渐地，来芦草沟吃饭的人以自驾的游客见多。人们除了欣赏沿途的山河树木、碧溪白云外，还可以大快朵颐一番。如果说美景给人们带来了视觉上的盛宴，那么美食则慰藉了劳顿而致的疲惫心灵。

暑假的第一天，生意比平时好很多，但是比起高速公路开通之前，还是要冷清一些。即使这样，马婷依然在店里进出忙碌着，灶台上的锅与勺依旧乒乒乓乓碰撞着发出愉快的声响……

一条公路，见证了芦草沟爆炒羊杂的兴盛；

一盘爆炒羊杂，见证了芦草沟公路交通的变迁。

爆 炒 羊 杂

　　爆炒羊杂，是新疆的一道家常风味小吃。"羊杂"取自羊身上的内脏，是爆炒羊杂的主料，羊杂碎各部位都有不同的味道、质绵、爽口、味美。爆炒羊杂要先备好羊杂，包括羊肚、羊肠、羊心、羊肝、羊肺、羊腰子等。一盘极好的爆炒羊杂，最终奥妙在于对羊杂的清洗。要用小刀刮去羊杂上的黏膜，确保干净，同时羊杂一定要新鲜。羊杂经过多次炖煮，其间再加入调味秘方，使其去腥入味，增添丰富口感。在爆炒羊杂时，先要取适量的菜籽油烧热，用葱、皮牙子、生姜炝锅，之后放入羊杂用大火爆炒，随后加入花椒、孜然、胡椒粉、辣子、酱油、盐、味精等配料和调料。羊杂在高温的翻炒之下慢慢变熟，融合着辣子、洋葱的香气，色泽红亮、味道鲜美、香辣可口，吃后唇齿留香，回味无穷。

罗 布 烤 鱼

　　塔里木河,中国最长的内陆河,在维吾尔语里意为"无缰之马""田地、种田"。它是塔里木盆地的主要灌溉水源,保障了塔里木盆地的绿洲经济和自然生态,被当地各族人民誉为"生命之河""母亲之河"。

　　罗布人是维吾尔族最古老的一个分支,他们是在罗布泊湖畔栖水而居的居民。二十世纪后半叶,塔里木河一度断流,罗布泊也因此于二十世纪七十年代彻底干涸,但罗布人的捕鱼技能并没有因为罗布泊的消失而失传,

他们仍在这里劳作、生息。

秋季，河水变浅，河岸边形成了大大小小的水洼，当地人称之为"海子"。短暂的捕鱼季就此开始了，因为它很快就会结束于冬季结冰之前。

罗布人牙森，完美地继承了自己的民族优势，捕鱼是他的拿手活。最近，牙森的工作非常忙，很少有时间和孩子们在一起，他的心里有一点愧疚。这天，镇上餐馆的老板向牙森预定了十二条鱼，他必须赶在天黑之前完成任务。同时，他还想为孩子们烹制一顿野餐。

罗布人会捕鱼，更会吃鱼。

在新疆，红柳是特别常见的一种灌木，生命力极强，甚至能在沙漠和盐碱地繁衍生长。它有着干净、无异味的特点，因此常被人们用来做成烤肉用的签子，是一种天然的烧烤工具。牙森就是用它来为孩子们烤炙美味。

烤 鱼

鱼脊背上的肉很厚，需要划开脊背两侧，这样才更容易烤透。三根细红柳枝横向贯穿平铺的鱼腹，一根较粗的红柳枝从鱼脊插到鱼头。南疆气候干燥，枯枝特别容易引燃，将串着鱼肉的红柳枝插在上风口，鱼肉接收火焰所发射的红外线而受热。红外线不受风的干扰，使得鱼肉在不会被烟熏到的同时又能被烤熟。最后，将鱼直接放在炭火上炙烤，极具特色的罗布烤鱼就在漫长的等待与不断吞咽口水的过程中完成了。

整个过程，盐是唯一的调料，却展示出了鱼肉的百样鲜味。虽是烤制而成，却没有丢失该有的水分，肉的纹理依旧清晰可见，筋道却不失鲜嫩。入口即化的鱼油

罗 布 烤 鱼

恰到好处地糅合了鱼肉的腥咸。一口下去，鱼的香嫩伴
随着塔里木河水自有的鲜味一起迸发，这是塔里木鱼最
天然的吃法。在满口回香中感受大自然的馈赠和塔里木
河的历史，这也是罗布人对塔里木河的敬重与热爱。

　　鱼烤好了，牙森把最香的鱼肚肉撕下来分给孩子们吃，
美味写在孩子们的笑容里。日落西山，孩子们伴着音乐在
余晖中跳起舞来。虽然牙森没有完成既定的工作任务，但
对于他和孩子们来说，这是一次身体和心灵上的完美旅行。

　　这一刻，幸福、喜悦都夹杂在塔里木河畔袅袅升起
的炊烟里。

罗 布 烤 鱼

塔里木河有着丰富的水产资源，罗布烤鱼的原料就来源于此。罗布人烤鱼时用新疆特有的"沙漠卫士"——红柳串起来烤，既有河鱼的鲜味，又有红柳的清香，回味悠长。罗布烤鱼的做法并不复杂：鱼沿腹部剖开但鱼脊相连，先用几条细的红柳枝将鱼展平，再用一根粗的红柳枝，一端沿鱼脊肉穿过，另一端插在沙土里。点燃一小堆枯胡杨开始烘烤，鱼肉接收火焰的温度，大概四十分钟后便可享用。撒一点盐巴或一些孜然，雪白柔软的鱼肉、焦香的鱼皮，混合着红柳的清香，成就了一道天然的美味。而今，随着罗布泊的干涸，以捕鱼为生的罗布人逐渐变为牧民，他们吃鱼的次数相对减少了。

第五章

秀色可餐

《秀色可餐》

巴楚留香瓜

　　夏至时节，喀什地区的日照时长可达十六个小时。各种水果，利用这得天独厚的能量，以近乎饱和的光合作用，将二氧化碳转化为糖分储存在体内。

　　日落，气温骤降。呼吸作用所需的酶活性被抑制，瓜果体内的糖分分解徐缓了。

　　因为果甜，它们既不耐运输也不耐储藏。而对时间丧失了所有抵抗力的新疆水果，与人类的互动却愈加频繁起来，于是便有了这些看起来充满故事感的生活。

　　李小娜在乌鲁木齐经营着一家餐厅。烤羊腿、皮辣红，外加一壶梅子酒，这是客人们口中的"老三样"。在这三样中，果酒算是店铺的特色。

　　从喀什的樱桃开始，李小娜利用酿酒技术，贮藏了新疆的八味水果。果实化身为透明的液体后，依然富含各种维生素。同时，恰到好处的酒精含量又使得果香花色在微醺中难解难分。独特的果酒配上这样一种独特的呈现方式，很快被热心的客人发到短视频平台上，爆红网络。

最近，李小娜又新结识了一种水果，新品的研发就此登上日程。

在喀什境内，靠近塔克拉玛干沙漠边缘的地方盛产甜瓜，巴楚就是其中之一。在巴楚下辖的村镇巴扎上，有许多不为普通消费者所知的甜瓜品种：以地名命名的伽师瓜，以外形特点命名的石头瓜、白瓜，还有最甜的"老汉瓜"……在这里，无论是多么挑剔的食客都能找到他最心仪的那一种瓜。但由于极难保鲜，无法托运或携带登机，新疆以外的消费者只能"望

瓜兴叹"。

玛利亚木精心照管着的是巴楚的土瓜——库克拜热，也就是现在为人熟知的"留香瓜"。库克拜热是新疆甜瓜中的中晚熟、厚皮、绿瓤脆肉类型的农家品种。这种瓜的味道甜而不腻，有一股淡淡的清香，半成熟时比黄瓜更为可口。

有时，玛利亚木会带着孩子们去地里摘新鲜的甜瓜，然后做一顿别饶风味的午餐——羊肉炒甜瓜拌饭。他们将摘回来的瓜去皮、剔瓤、改刀后备用，起锅上灶，将洋葱倒入温油锅爆香，随即加入切成片的羊肉，翻炒变色后加入切成块儿状的西红柿，最后放入甜瓜、红椒和青椒。清爽可口的瓜肉在高温下流出香甜的汤汁。甜瓜碧绿生青，红椒的点缀使其色泽悦目，瓜香与肉香交织在一起，令人食欲大增。

库克拜热甜瓜汁液丰盈，口感香甜，具有很高的营养价值。虽品质优良、有特色，但受到地理条件的限制，库克拜热甜瓜的销售情况并不好。

好在新兴的电商企业敏锐地发现了它清甜淡香的特点，为它研发了线上销售渠道，并起了一个易于记忆和推广的名字——巴楚留香瓜。

在玛利亚木的人生中，可以说甜瓜改变了她和妹妹的命运。九年前，玛利亚木曾经考上了新疆交通职业技术学院，但因为学费的问题没有就读。现在，卖瓜的收入已经能够支持她的妹妹继续上学了。

香草冰激凌口感是巴楚留香瓜的一大特色。玛利亚木很想知道，冰激凌不就是买给孩子们吃的雪糕吗？为什么加入香草就会和自己种的留香瓜味道相同呢？为了找出答案，开学季，玛利亚木和妹妹一起来到乌鲁木齐，找到一家甜品店，品尝香草冰激凌。她惊喜地发现，香草冰激凌果真和巴楚留香瓜是一样的味道。在大自然神

奇的孕育下，巴楚留香瓜与香草冰激凌两个看似毫无关系的食物，以这种方式产生了奇妙的联系。

采摘巴楚留香瓜

要想吃到品相绝佳的巴楚留香瓜，除了平日里的精心照料外，采摘也是一项技术活。成熟后的瓜遇水胀裂，一旦遇到雨夜，就意味着要开始收瓜了。采摘商品瓜有严格的要求，采摘时，要将瓜的枝蔓与果柄呈 T 形剪断，中间留一片叶子。择瓜也另有技巧，要看瓜的纹路和枝蔓边的圈，纹路变成深色就表示瓜熟了，圈变黄了就表示瓜甜了。

进入市场前，糖度和形状检测是必需的一步。是否合格，关系到瓜是否能够被送往消费者的手中。如今，巴楚留香瓜凭借先进的运输技术运送到了全国各地，更多的人品尝到了它清甜可口的那股独特的香草冰激凌味。

从库克拜热到巴楚留香，甜瓜远去上海，在瓜农们绵长的日子里留下一缕清香。

而在乌鲁木齐另一端的餐厅里，李小娜也开始实现着自己的愿望——用巴楚留香瓜做一款酒。瓜农与酿酒师，或许是同一时间，用着各自独特的方式阐述着对瓜的喜爱。

香甜的瓜，甘醇的酒，瓜与酒，融合共生，谱写着新的篇章……

巴 楚 留 香 瓜

　　巴楚留香瓜，产自新疆喀什地区巴楚县，原名库克拜热，是一种新疆特产的瓜类品种。深绿色、布满淡黄色细纹的瓜皮，淡绿色的瓜瓤，溢出丰沛的果汁，宛若一颗形状滚圆的翡翠点缀在贫瘠荒凉的土地上。尚未熟透的瓜味道清甜淡香，比黄瓜还要爽脆可口；熟透的瓜其质地绵密细软，口味香甜爽口，享用后唇齿间还留有瓜的清香，故名"留香瓜"。

　　巴楚留香瓜水分多，口感香甜，营养价值非常高。2016年起，当地政府联合地方企业，采用"互联网＋订单"模式，设计出了适合网络销售的"巴楚留香瓜"地域品牌。此举在互联网上形成巨大影响力和销售能力，为新疆众多特色产品销往内地市场打开一条捷径，形成了极有影响力的"巴楚留香瓜电商模式"。世上最温暖的商业关系莫过于，一双手在炎热的土地上播种，土地反馈他一片清凉的喜悦。

阿图什无花果

阿图什，坐落于新疆西南部，紧邻喀什市，是克孜勒苏柯尔克孜自治州的首府。这里盛产瓜果，尤以无花果著名，有着"无花果之乡"的美称。

无花果，维吾尔语译为"安居尔"。其果幼时色绿，随着发育的成熟逐渐变为淡黄色、黄色。因其形状酷似包子，吃起来甜如蜜糖，所以在新疆，无花果又被称为"树上结的糖包子"。

像所有的桑科榕属植物一样，无花果的花粉靠榕小蜂传播。花的顶部也是果实的尾部有一个小孔，方便授

粉使者榕小蜂进出。正是这个小孔的存在，使无花果的花，也就是我们吃到的果肉，直接与氧气接触，非常难以保存。

阿拜杜拉一家在阿图什经营着一片二十亩的无花果园，每年到了无花果采摘的季节，即便家里有八个成年人，却还是有些匆忙。在无花果采摘的季节，一家人需要早早起床，赶在早上八点之前将无花果采摘装箱，然后迅速卖出。隔夜的无花果会腐烂，所以当天下午一定要到达消费者的手里。

销售无花果的过程就是与时间的较量，如何让新鲜的无花果在运输过程中最大限度地保鲜，减少各方的损失，果农们想了不少办法，结果都不尽如人意。直到有一天，阿拜杜拉家的果园里来了一位客人，并带来了自创的保鲜方法。

李青天是一个骑行爱好者，家住伊犁巩留县。2019年夏天，他停掉自己的生意，从空中草原那拉提出发，沿着独库公路翻越天山，又穿过塔克拉玛干沙漠，经和田来到喀什。他将路上的所见所闻拍成视频，在快手上连续发布。没想到一条关于喀什无花果的视频，令他临时改变了行程。

在那条视频下留言想吃无花果的朋友遍布全国，李青天敏锐地意识到，要满足他们的愿望，包装运输是个大问题。为满足广大网友的需求，李青天在运输包装上花了不少心思。他在箱子里放上冰块，这样能起到冷却的效果；又将每一个无花果用纸包裹住，防止果汁流出、果肉腐烂。村民们采用了李青天的方法，将无花果送到了更远的地方，也将甜蜜的生活分享给了更多的人。

　　可是，并不是每一个无花果都能踏上去远方的旅途。九月的第二个无花果季，时常小雨淅沥，成熟的无花果遭雨淋后便会开裂，影响销售，于是这些无花果只能采用另一种方式存储，那就是制成无花果酱。

　　阿图什的无花果酱要用整颗无花果熬制。每一公斤无花果配一公斤半的水，同时为了充分发挥白糖的防腐作用，白糖的用量与无花果相等。熬制的全过程都要求轻轻翻动，防止无花果破裂，并且为了水汽彻底蒸发，整个过程不能盖上锅盖。

制作无花果酱

　　随着白糖的焦化，连续熬煮了六个小时的无花果呈现出琥珀色的光泽。在温度与时间的共同作用下，蔗糖分解成葡萄糖和果糖。果糖的优点在于，它能不遮掩无花果的风味，低调地与各种不同的香味和谐并存。无花果原本的甘甜就这样被保存了下来，在往后绵长的日子里，继续滋润着人们的生活。

　　阿拜杜拉家的无花果酱不愁销路。四弟妹在阿图什

城里经营着一家造型工作室，给新娘和参加聚会的女士做形象设计。由于无花果酱具有健胃清肠、消肿解毒的功效，特别适宜女性和家里的老人食用，所以这家造型室自然就成为阿拜杜拉家的无花果交易中心。在与顾客的亲密交谈中，一罐罐无花果酱走向了更多人的餐桌，滋润着更多家庭的生活。

古丽巴哈在阿图什经营着一家糕点店，每年到了无花果成熟的季节，她都要用无花果酱制作一道传统糕点——拜列西，也就是我们常说的派。

古丽巴哈的手艺是从塔塔尔族师傅那里学来的。无花果酱派的制作方法并不复杂：面粉里加入四百克黄油，细细揉搓至黄油和面粉充分融合；两分钟后，放入三百克糖粉，和面三分钟。为了使饼皮的口感蓬松，还需加入适量的酸奶和鸡蛋，整个制作过程不用一滴水，面团在反复揉捏下逐渐柔亮光滑起来；醒面五分钟后，主角登场，将无花果酱均匀涂抹在面饼上，并覆核桃等干果

于果酱上，剩下的面则切条作为装饰一同放入烤箱。派
在高温的空气中膨胀，果酱在烘烤下钻进饼皮的气孔里，
各种配料自然调和，浓郁的香味溢出烤箱。烘烤二十五
分钟后，金黄酥软的无花果酱派就做好了。

　　从树上的"糖包子"到当地人的"钱袋子"，无花
果的身份转变不仅得益于日益完善的物流体系、逐渐精
进的保鲜技术，还离不开每个人的辛勤付出。古老的树
木和鲜嫩的果实在厨房的氤氲中，年年次次地不断新生。
流年似水般不断地淌着，若将生活比作果园，那些甘饴
的水果便是对生活最好的回馈。

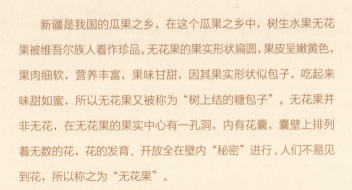

　　新疆是我国的瓜果之乡，在这个瓜果之乡中，树生水果无花果被维吾尔族人看作珍品。无花果的果实形状扁圆，果皮呈嫩黄色，果肉细软，营养丰富，果味甘甜，因其果实形状似包子，吃起来味甜如蜜，所以无花果又被称为"树上结的糖包子"。无花果并非无花，在无花果的果实中心有一孔洞，内有花囊，囊壁上排列着无数的花，花的发育、开放全在壁内"秘密"进行，人们不易见到花，所以称之为"无花果"。

　　新疆的无花果资源丰富，但因其果实极其娇嫩，不宜运输，所以要想远输外地，当地群众多把无花果加工成无花果酱、无花果脯、无花果罐头等食品。近年来，无花果的包装、运输技术有了很大的改进，使其销路越来越好，成为当地群众致富的"摇钱树"。

英吉沙色买提杏

春天是英吉沙县最美的季节。

艾斯古乡，一个由无数杏园组成的村庄。家家户户都种着杏树，穆居木老人虽然年事已高，但还是要常常去打理自己的杏园。一到春天，艾斯古乡就会变为粉白芬芳的花海，每朵杏花都在枝丫上争相怒放，展现着春天蓬勃的生命力。令人意外的是，十年前，杏树还没这么大的阵仗，那会儿随处可见的是巴旦木树林。短短十年里，色买提杏能在新疆乃至全国不计其数的同类品种中脱颖而出并摘得第一的桂冠，大力带动英吉沙县的经济，这与英吉沙人的智慧、自信以及过人的胆识密不可分。

库那吉是英吉沙县 2018 年的"杏王"。每年杏花绽放的时候，库那吉便会给杏树施肥。有几棵树会得到他特别的关照，这几棵杏树也总能结出圆润饱满又硕大的杏子。他说，之前没觉得自家的杏子大，在家里来了客人后才意识到自家的杏子的确有着很大的优势。后来县里举办杏子大赛，他拍了照片发到村里的微信群，照片传去了县里。最终经过评比，他家的杏子被评为县里最大的，这也是令库那吉最骄傲的事情。

　　在另一个果园中，库那吉家的白色买提杏会长得更大些，杏仁也比别处更饱满。当杏子变得翠绿圆润，像挂在树上的碧玉宝石时，便可以摘几个下来解解馋了。青杏，味道酸脆生津，没有苦涩感。初夏，当地的维吾尔族居民会采些青杏做传统的汤饭，从核中取出的味道鲜嫩甘甜的杏仁是孩子们的最爱。当地的维吾尔族人会把它和一种主食结合，那碗初夏的汤饭也就别有一番滋味了。在炎热的夏天来一碗，不仅酸爽可口，还有清热解毒的功效。

　　新疆的汤饭不能顾名思义，它是面条做的。要先将

制作青杏汤饭

面擀薄，再切成韭菜叶宽的条状。汤中除羊肉外，刚刚长出根茎的恰玛古是最好搭配。南疆自古没有酿醋的传统，但当地丰富的物产满足了人们对味觉的需求。在英吉沙的传统汤饭里，青杏是比醋更完美的存在。青杏在热汤中翻滚，释放出带着果香的醋意，又比醋温和得多。在盛夏，如果来一碗青杏汤饭，那一定是让人咂舌回味的一天。库那吉说，他小时候最喜欢妈妈做的汤饭，酸酸甜甜的。而这个记忆也会留在库那吉女儿的心里：几颗青杏，一碗汤饭，从妈妈做到妻子做，日子就这么悠

妈妈

悠地过去了。

当听到第一颗杏跌落的声音，人们便知道，杏子要登上舞台了。

库那吉家的杏子也不误时节，由青转黄。白色买提杏，淡黄色的薄薄杏皮包裹着厚实新鲜的果肉，汁水充盈。1.3%的酸度和18%的含糖量，调和出了令人欲罢不能的酸甜口味。色买提杏不仅味道绝佳，产量也是同类中的佼佼者。按库那吉去年出售的杏子来算，每棵树可以出产二十公斤。这么大的采摘量，带着婴儿的夫妇俩难以完成，好在侄子

侄女们都会来帮忙，大家一起感受着丰收的喜悦。

穆居木老人家的杏园也迎来了大丰收。穆居木老人身边有四个孙子、孙女。收杏的时节学校刚好放假，人手在他们家不成问题。大家今年的丰收季同往年一样，会是忙碌而满足的。

走进新疆的果园，才知道"盛产"这两个字的真实含义。2019 年，英吉沙县仅艾古斯一个乡的杏产量就达到七千吨。这样巨大的产量大大提高了当地人民的收入水平，他们的日子一天比一天过得好了。

库那吉说，他吃过油杏和喀什杏，相比而言，他觉得自家的色买提杏更大，色泽更好，味道也更甜。他家的十三亩五分地种有二百五十棵大小不一的杏树，其中四亩是黄色买提杏，八亩是红色买提杏。仅去年一年，他就卖出了两吨半杏子和八百公斤杏干。

色买提杏皮薄且含糖量高，为成熟后的运输带来了难题。虽然只有一小部分能够飞越五千公里，到达不出产杏子的岭南和江浙，但这并没有阻断风味的延绵。聪明的人类用对待葡萄的办法——晾晒成干，来处理这些日月精华的集合体。时间和阳光的作用，使得杏干比鲜杏的味道更加浓郁饱满，杏干在市场上也拥有和鲜杏同样的价值。

盛夏是杏子成熟收获的季节，杏农们看着它们从一朵朵粉白色的花朵开始，经历雨水的洗涤、阳光的沐浴后逐渐蜕变成为一颗颗金黄色的杏子。枝头上挂满灯笼般的杏子，乡间的小路上弥漫着杏子微微酸甜的气息，这大概就是英吉沙人民最欢喜、最幸福的时刻。

英 吉 沙 色 买 提 杏

　　英吉沙色买提杏，有"冰山玉珠"之美称，被誉为"中国第
一杏"。色买提杏的果实硕大，表皮光滑，色泽艳丽金黄，在阳
光下又显出红润的颜色，皮薄汁多，轻轻一咬汁水就在口腔中四溢，
口感香甜软糯。

　　而在杏子未成熟，还呈现青色时，这便是新疆人的另一种解
馋方式。青杏入口微酸，清脆生津，杏仁新嫩甘甜，这是新疆人
眼中的美味，也是一种独特的调味品。初夏，维吾尔族人会在汤
饭中加入青杏，做成别有滋味的青杏汤饭。小麦粉做成的面条，
与羊肉和新鲜刚长出的恰玛古搭配，外加几颗酸甜生津的青杏调
味，一碗鲜香诱人的家常汤饭就完成了。

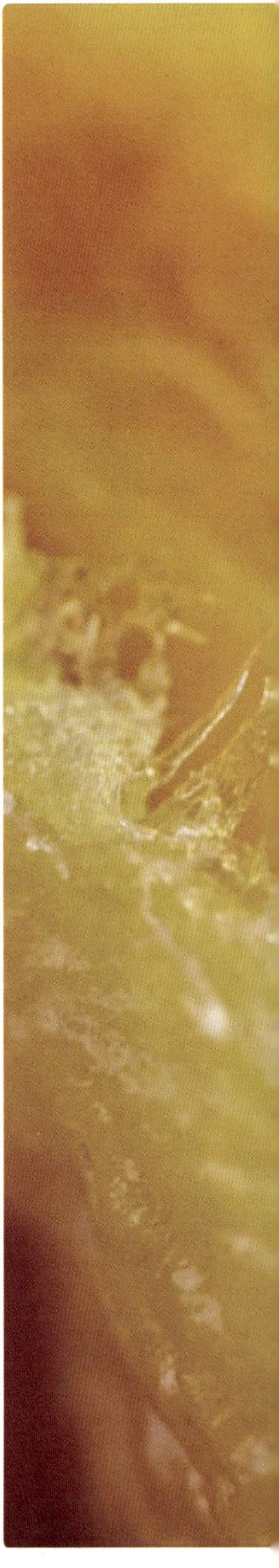

伊犁野苹果

伊犁，素有新疆"苹果之乡"的美名。除了从外地引进栽培的色美味甜的苹果外，伊犁还拥有丰富的野生苹果资源。大片的原始野苹果林便是上天馈赠伊犁的一份独特礼物，也是二十年前留住老夏，让他愿意在这里流连探索的缘由。

二十多年前，湖南人老夏坐了九天九夜的火车来到伊犁。这场与野苹果的邂逅，不仅让他忘记了一路的舟车劳顿，还让他彻底爱上了这个如人间仙境般的世外桃源。

有一次，老夏被发酵的野果香吸引，顺着山沟往下走时，发现整条沟都是小巧金黄的野苹果，整个山谷都弥漫着金灿灿的野苹果香气。这股香气打动了老夏，从那时起，他就觉得不该浪费这散落一地的自然美物。和团队外出采摘时，老夏会在保证足够小鸟啄食分量的前提下，尽可能多地收集野苹果。

每个季节，老夏和他的团队都要外出巡山，看望那些被他们关注着的野苹果。每日行走在山间原野，老夏和他的团队就像这片野果林的家长般仔细观察着果树枝条的浓密度，留意不同颜色树叶所呈现的形状，关注每一棵

树孕育出的颗颗果实,记录着果树所能观察到的任何变化。

　　寻着野苹果的香味,老夏仿佛来到了百万年前。那时温暖的伊犁河谷,为第四纪冰期中的野苹果提供了庇护,使它们在接下来的岁月里,成为世界栽培苹果的祖先。

　　老夏感叹屹立在林间苍老的树木,用果实和香气不遗余力地表达着生命。他没有想到有一天自己竟会被一种味道那么强烈地打动,以至于覆盖了过往所有关于味道的记忆。果香难忘,对野苹果的迷恋使老夏认定了自己想要的生活。有时,爱还是需要理由的。

　　如今,每到秋天,老夏都去附近的山里摘些野苹果,给孩子做果丹皮。"以前都是牧民在山里捡这些野果子,他们在沟里烧火,煮成果酱,最后铺在石头上,等它自然晒干,做成果丹皮,称作果皮子。"老夏说道。

制作果丹皮

　　做果丹皮,对于常年在野果林里穿梭的老夏来说,得心应手。老夏从山间树林里快速挑选着可食用的野苹果,洗净去核,切成若干块,盛放在锅里,倒入大量水后架在柴火炉上,慢慢熬煮。野苹果的风味物质,夹杂在果肉和果皮之间,带皮煮能更好地保留香气。煮制过程中,老夏带着女儿蹲在一旁观看,他指着炉子问女儿:"这火是不是很大?"女儿弯下腰望着炉子里旺盛的火苗,乖巧地说:"嗯。"三个小时后,野苹果软烂如泥,香气也随之氤氲开来。过滤掉果皮和果渣,得到浓稠的果酱后,煮烂的苹果泥还需要继续熬制四个小时。在温度的作用下,果酸浓度提高,苹果中的蔗糖也逐渐分解成甜度更高的果糖,果酱的酸甜比在一缩一解中达到饱和。

下一步就是将熬稠的果酱上盘刮平，置于阴凉处阴干大概五天的时间。不断地加热晾干，苹果中的果糖与各种氨基酸激烈碰撞并不断重组，果酱慢慢凝固，色泽逐渐加深，味道也发生着微妙的变化，由最初的黏稠状逐渐转化为果丹皮。水与火的洗礼，使苹果由脆变韧，以另一种形态顽强地保留着精华。成品果丹皮如琥珀般晶莹剔透，混合着野果和大自然的香气，果丹皮的香味在品尝者的味蕾上层层弥漫。

当年，老夏果园的前主人找到了老夏，说自己的园子是一片老园子，园里的果子和野果差不多，让老夏收购。老夏看着这个园子里已经生长了十五年的结着大大小小果实的苹果树，欣然同意。就这样，老夏给大人和孩子们准备了一片撒野的地方，他的朋友们都管这里叫"大自然客厅"。

在一个平常无奇的下午，老夏举行了一场果园聚会。大家一起准备了一桌子饭菜，围坐在餐桌旁，高举起装着苹果醋的酒杯，祝福着："为了这个秋天，为了果实丰收，干杯！"

老夏云淡风轻地向我们道出了苹果醋的做法："野果的含糖量低，那么酵母就无法正常启动，所以我们要加一点蜂蜜，密封上水，再发酵二十多天，酒就发酵完成了。之后解除密封，在上面蒙上白布和纱，透气，进入有氧发酵，也就是醋化反应的阶段。"

老夏的家人，只要逢秋天出生，都会得到一坛他亲手酿的苹果醋，他自己的生日也不例外。老夏有两个女儿，自女儿出生起，老夏就为她们各酿了一坛苹果醋，一坛八年，一坛四年。老夏偶尔会带两个女儿到酿醋的房间，教她们识别苹果醋和醋蛾子，品尝酸味浓厚的苹果醋。老夏希望这些醋能伴随女儿们一路成长，等到她们出嫁的时候，再把尘封了多年的苹果醋作为礼物送给她们。

日复一日，年复一年，老夏依旧忙碌着，在香气盎然的野果林间上下穿梭。他对野苹果的爱，随果香越来越馥郁。

伊犁野苹果

在伊犁新源县那拉提山北坡的科克萨依，有一大片的野生果林。这里海拔约一千六百米，以野苹果为主，形成了著名的天山原始落叶阔叶林果区，属濒临灭绝的珍贵稀有资源。这片野生果林面积约十万亩，是中世纪遗留下来的欧亚大陆面积最大、最密集、保存最完好的野生果林带，被科学考察论定为北方苹果的源种地和野生果类的基因库，是开展野生果类科考的宝地。约占世界野生果林面积的百分之七十。伊犁野生苹果又称塞威士野苹果，是栽培苹果的"老祖宗"。伊犁河谷的野生果林，是在独特的自然条件下，在天山艰难存活下来的"幸存者"。

木纳格葡萄

　　阿图什人最爱吃窝儿馕。作为窝儿馕非遗传承人的马热古丽，要做一款甜味窝儿馕，食材之一便是阿图什盛产的一种甜度很高的葡萄——木纳格。

　　做窝儿馕需要大量的奶油和酸奶。阿图什的奶油与别处不同——鲜奶过滤后静置一夜，表面自然脱水形成一层奶皮，这便是做窝儿馕要用的奶油。马热古丽将和好的面擀成直径一米左右的薄片，薄厚刚好可以透光，再抹上混入酸奶的奶油，撒上香菜。"窝儿"是维吾尔

窝　　儿　　馕

制作窝儿馕

语"蒸汽"的意思，卷好的面要放入笼屉，旺火蒸十分钟。为满足不同口味，除了一笼搅拌了香菜的窝儿馕，马热古丽还做了一笼撒满木纳格葡萄干的窝儿馕。揭开锅盖，蒸汽沁润面庞。"好吃！"马热古丽的女婿大赞母亲的手艺。

上阿图什人尝试用葡萄干制作古老的窝儿馕，东去一百公里的下阿图什人则种植着古老的木纳格葡萄。"木纳格"在维吾尔语中意为"晶莹剔透"。比起如玉的外观，木纳格葡萄的皮很薄，手感硬实，酸甜比好，鲜食更加可口。

每年的古尔邦节前后，"葡萄猎人"谭毅开始走村串乡，寻找心仪的葡萄园，整园下单。如果说葡萄是猎物，测糖仪便是谭毅的猎枪。在阿图什收了十几年的葡萄，谭毅深知葡萄成熟得越晚，含糖量就越高。经过测糖仪的检测，谭毅测出目前的葡萄是十四个糖度，经验告诉他还可以再等等，直到九月葡萄达到十七至十八个糖度的高品质时再收购。

孜牙吾丁家的这茬葡萄有了着落，可无论怎样，他每年都会留下一沟葡萄不卖。孜牙吾丁在家中排行老二，他还有个叫尼扎木丁的弟弟在北京踢足球，曾是北京人和的球员。远在上千公里外的尼扎木丁，心里始终放不下那份"甜蜜"。在北京购买葡萄，甜是他唯一的要求。可见木纳格葡萄的糖分，曾如此深刻地触动过他的味蕾。

当树叶变得枯黄的时候，家里留给尼扎木丁的那一沟葡萄也彻底成熟了。哥哥孜牙吾丁并不打算做成葡萄

干，他把葡萄挂在透风透气却不挨冻的房子里储存，能一直放到来年的三四月份。这样，冬天回来的弟弟就能吃到鲜葡萄了。

一家人的期盼和记挂都藏在那一串串高糖度耐储藏的木纳格葡萄中，阿图什的冬天多了一种滋味，更多了一份对远方游子的等待。

木纳格葡萄、无花果和足球是阿图什人生活的三个支柱。足球把他们带出了乡村，但果园总是一次次吸引着他们归来。对于阿图什人来说，没有木纳格葡萄的日子少了点说不出来的味道。

木 纳 格 葡 萄

　　木纳格葡萄又名冻葡萄、戈壁葡萄，属于欧亚种，该品种粒大、皮薄、口味甘美、果肉厚而脆，是最具新疆特色的葡萄品种。优质的木纳格葡萄成熟以后为黄色，尖端微红，晶莹剔透，可以看到果肉里的种子。由于它具有丰产、晚熟、耐贮运等特点，因此深受老百姓的青睐。

　　木纳格葡萄在天山南部、塔里木盆地边缘各绿洲均有栽培。阿图什位于塔里木盆地西北边缘，帕米尔高原东部，是天山脚下的绿洲，这里光热资源极为丰富，日照时间长，年有效积温高达4669—5200摄氏度。阿图什生产的葡萄品质佳、驰名中外，拥有"中国木纳格葡萄之乡"的美称。

第六章

流光溢彩

《流光溢彩》

奶　茶

天山山脉，世界七大山系之一，横贯中国新疆中部。

春天到了，气温回暖，万物复苏。积雪逐渐融化，一路穿过斑斓群山汇流成河，滋养着天山脚下的土地。来自海拔四千米以上的纯净雪水口感清冽，是大自然千百万年来对新疆人的馈赠。

穆赫德别克与萨利马的家就在这片神秘又纯净的地方。他们远离喧嚣的城市，与自然为伴，经营着简单又温馨的生活。年轻的父亲穆赫德别克非常喜爱他的孩子，但他只有少许时间能陪孩子嬉戏玩闹，因为家里的羊群还在等待着他。

夏末，正是牲畜抓膘增重的季节。穆赫德别克要带着羊群，前往离家很远的一处山间草甸。穆赫德别克披上外套，骑上自己心爱的马匹，在妻子的千叮咛万嘱咐中挥鞭远去。

留在家中的萨利马有很多事要做。她一边细心地照顾着孩子，一边牵挂着丈夫。她要在穆赫德别克回来之前，煮好他最喜欢喝的奶茶。

萨利马家的牛是本地的哈萨克牛。这种牛体型不大，产奶量也不高，但它产出的奶每百克脂肪含量远远超过

了普通牛奶的标准。正是这丰富的脂肪含量，才使牛奶如此浓厚醇香。牧民的饮食结构相对单一，但新鲜浓醇的牛奶能够给他们提供足够的营养。

萨利马把刚挤出的新鲜牛奶放在炉火上加热，一层厚厚的奶皮在牛奶表面凝结，屋里瞬间奶香四溢。用勺子拨开奶皮再盛出一碗奶，往奶里放几块馕，简单又营养。这是孩子们最喜爱的餐点，是陪伴他们成长的味道。

满足孩子们的胃之后，萨利马就要为穆赫德别克制作他心心念念的奶茶了。穆赫德别克认为放牧是个辛苦活，需要不停地上下山，在他心里，妻子亲手熬制的奶茶是放牧劳累困倦之时最大的期盼。

制作奶茶

新鲜浓郁的牛奶和纯净的冰川融水，是奶茶香醇的秘密。茶在牧民的生活中，和肉、奶一样不可缺少。发酵成熟的砖茶是萨利马制作奶茶的首选。砖茶以粗茶发酵而成，需要熬煮才能激发茶中的味道。滋味浓厚的砖茶可以助消化、解油腻，而且还是维生素和微量元素的来源。

沸腾滚烫的茶汤像高原的阳光，热烈明媚；温热纯洁的牛奶如牧场的哈萨克族人，质朴纯真。

淡褐色的奶茶，咸里透香。如果说砖茶给予了奶茶精髓，那么盐就丰满了奶茶的灵魂。经过盐的点化，茶更浓、奶更香，再添一块儿厚厚的奶皮，奶茶瞬间充满了力量。接过家人手中的那一碗咸奶茶，轻呷入口，醇香丝滑之感随之而来，下肚的不仅仅是奶茶，还是家人的一声问候。

家人、羊群、奶茶，共同构成了牧民简单的生活。

在他们的世界里，简单的生活就是最真实的幸福。

奶　　　　　茶

　　新疆的奶茶由最新鲜、原始的材料制作而成，简单，却不失美妙。

　　喝着天山雪水、吃着天然草料的新疆本地奶牛产下的乳汁脂肪含量高，营养成分丰富，颜色雪白，味道浓厚醇香，是制作新疆奶茶最好的原料。新鲜牛奶加热后表层形成的一层奶皮，凝结了牛奶的精华，是很多新疆孩子们童年里最熟悉的味道。

　　在新疆，牛奶的做法和吃法有很多种，但最受新疆人欢迎的还是那一碗醇香温暖的咸奶茶。依据新疆传统，制作奶茶不仅要使用新鲜的牛奶和纯净的水，还需要使用香味浓厚、粗犷纯朴的砖茶。掰一块砖茶扔进沸水里慢慢熬煮，散发出淡淡的茶香，再倒入牛奶，加一点盐……茶香与奶香的碰撞，产生出绝妙的口感。浓郁醇厚的牛奶，中和了茶的苦涩，在唇齿间留下了淡淡的咸香清甜。一层厚厚的奶皮，又给奶茶增添了不一样的口感。

　　一碗热奶茶，是新疆人最简单真挚的情感，它融入草原雪水的味道，注入人们的心中，飘散在整个草原的上空。

沙 棘 汁

作为酒店的餐饮品控，与生俱来的敏感味蕾让杨梅对食材非常挑剔。在杨梅朋友的眼中，她是一个妥妥的吃货——只要是好吃的东西，就算会长胖也照吃不误。而杨梅眼中最好吃的东西，一定是不施化肥、不打农药、纯天然的食物。因此，她经常会为了寻找满意的食材离开乌鲁木齐，赶往几百公里外的荒漠。远离污染的有机食材是餐桌上的珍品，往往只有在人迹罕至的地方，才会蕴藏着这些神秘的美味。

杨梅第一次在农场接触到一种神奇的果实——沙棘。

沙棘　别名醋柳果、大尔卜兴、酸刺等。作为地球上最古老的植物之一，沙棘大约经历了两亿多年的沧桑岁月。繁衍至今，沙棘不仅具备了对抗恶劣生长环境的能力，还在果实内富集了各种营养成分，对增强人体免疫力、防治心脑血管疾病、抗癌等均有一定功效。

出于好奇，杨梅摘下了树上仅存的几颗沙棘果尝了一口，虽然有些酸涩，但关于沙棘神奇功效的传说，让杨梅产生了浓厚的兴趣。她希望把沙棘引进酒店的菜单，但沙棘果酸涩的口感却困扰着她。

杨梅听说，在距离乌鲁木齐八百公里的哈巴河县荒漠保护区有大片的野生沙棘林，也许它们会不同于之前品尝到的品种，她决定前去一试。

寻找沙棘

保护区的工作人员告诉她，这里的野生沙棘是鸟儿吃了蒙古那边的沙棘后通过粪便将种子撒到这里生长出来的。虽然是纯天然的野生沙棘，但经过品尝，杨梅发现口感远没有想象中那么好，于是她打算向车教授请教。

车凤斌是新疆农业大学的教授，一直致力于与沙棘有关的研究。杨梅将自己寻找到的沙棘样本拿给车教授，车教授十分耐心地向她解释了不同沙棘品种间的差异以及其中富含的丰富营养价值。

杨梅所带回的深、浅黄色和红色三种颜色的沙棘样本，都是野生沙棘，属于蒙古沙棘亚种和中亚沙棘亚种，果粒比中华沙棘亚种要大，其中浅黄色沙棘样本颗粒接近于大果沙棘的颗粒。对于车教授来说，野生沙棘所蕴含的价值非常值得进一步研究和挖掘。他向杨梅介绍，深海鱼油的当家成分——Omega-7，能够帮助细胞修复、提高人体免疫力，这种不饱和脂肪酸在植物中一般很难被找到，而沙棘正是 Omega-7 最好的来源，它大量贮藏在沙棘果油中。

车教授的热爱与坚持深深打动了杨梅，并且沙棘独特的营养价值让杨梅觉得，这是超越一般意义上对于色香味的追求。于是，杨梅决心一定要攻克难关。

杨梅将沙棘果拿回酒店，与厨师尝试用其他食物中和

沙　　　棘　　　汁

沙棘的酸涩感。可加入了苦瓜汁、西芹汁的沙棘果汁依旧苦涩，出于对美食的热爱与执着，杨梅又一次踏上了前往阿勒泰的旅途，因为她听说那里有具备食用价值的大果沙棘。

阿勒泰的这个沙棘品种叫作"深秋红"，果粒大，结果也比较密实，即使在冬季零下二三十摄氏度的气温中也不会被冻死。经过低温冻过的沙棘果反而更容易采摘，高速振动枝条后果实便能与枝干分离。

深秋红虽然具备食用价值，但口感仍然酸涩，距美味相去甚远。

几次找寻后，杨梅终于明白要选择沙棘，就必须接受它的酸涩。但杨梅相信，万物相生相克，一定会有一种食材可以降服沙棘的酸涩口感。

"沙棘的口感总体来说是偏酸，有一些品种还带有一些苦涩。形成涩味的物质主要来源于其中包含的'单宁'，如果想要中和这个涩味，可以加一些其他的物质，比如柠檬酸。"在新疆农业大学研究员车凤斌的指点下，杨梅如梦初醒。

也许，以酸著称的柠檬，将会是他们以酸克涩的法宝。

在酒店厨师的精心配比调制下，柠檬汁和蜂蜜赋予了沙棘新生。沙棘汁自此少了一份涩味，多了一份甘甜。

杨梅将调配好的沙棘汁拿给顾客品尝，有人赞不绝口，有人觉得还是有些涩味。

尽管人们对沙棘汁的味道褒贬不一，但杨梅心里清楚，对于沙棘的开发，这只是开始。未来的路还很长，勇于尝试才能创造与众不同的生活。

　　沙棘，一种生长在大漠的植物，枝干多刺，其果实娇小玲珑，味道酸涩，但是它所富含的营养成分是不容小觑的，可以说沙棘果是人类健康营养要素的宝库。

　　因为沙棘果的口感酸涩难忍，使得许多人们对其望而却步。但这也阻挡不了新疆人民对沙棘果所含的丰富营养元素的追求，因此沙棘汁应运而生。颗颗饱满圆润的小小沙棘果挂满枝头，在荒凉的大漠中散发出熠熠光辉，犹如粒粒微小但仍璀璨的宝石。洗净后打成果汁，鲜亮的黄色，犹如艾德莱斯绸那般丝滑美丽，再加入柠檬汁和蜂蜜来调和沙棘原本带有的酸涩感，一杯营养价值丰富的沙棘汁便制作完成了。

　　沙棘汁味道偏甜，夹杂着柠檬的酸爽，但又完全保留了沙棘的营养。尽管沙棘汁才进入大众视野不久，但对于喜爱沙棘汁的人们来说，沙棘汁的未来就如其颜色一样，明亮有力。

格 瓦 斯

　　世界上每个国家都有自己喜爱的饮料。中国人推崇茶；德国人和捷克人热爱啤酒；美国人喜欢可口可乐；法国人钟情苹果酒和柠檬水；意大利人偏好橘汁；俄罗斯人的最爱则是格瓦斯。"格瓦斯"在俄语里是"面包发酵"的意思，直至十九世纪末才传入中国。这款清凉解暑的佳品也是开胃生津、消积化食、防治便秘的保健饮料。它呈琥珀色，气足泡多，酸甜适度，且清凉爽口，伴有酒花味，尤有一种特有的麦乳与酒花发酵的芳香。

　　在新疆塔城这个边境小城里，很多人都会酿造格瓦

斯。从小生活在塔城的杨清华，最大的爱好就是酿造这种新疆人都爱喝的饮料。品尝过老杨格瓦斯的人，都对它的味道赞不绝口。

传统的格瓦斯是用麦芽（黑麦芽和大麦芽）、黑麦粉、糖和薄荷制作的，现在则多用黑面包，甚至还出现了水果格瓦斯。入夏时节，新疆的各种水果陆续成熟。杨清华是如何想出制作水果格瓦斯的呢？他的灵感来自对果酱的喜爱，他想尝试用不同的水果口味赋予格瓦斯特殊的灵魂。

这次，杨清华看上了野生杏。野生杏的果胶含量非常高，果肉中含有大量碳水化合物和有机酸。由于本身糖分含量很高，因此杏子所具有的酸甜口感也被大多数人所喜爱。

新鲜采摘的杏子用水冲洗干净后，撒入大量白糖进

制作杏酱

行腌制。伴随着气温和时间的变化，砂糖粒逐渐融化渗入果肉。几天后，把腌好的杏子倒入锅中用小火熬至黏稠状，杏酱就做好了，这也是杨清华创新格瓦斯的重要原料。

制作格瓦斯的另一大原料是啤酒花。老一辈人建议杨清华用野生酒花，但时值七月，又逢气温低于往年，距离塔城五十公里处的库鲁斯台的野生酒花还没有成熟。但杨清华没有放弃，在城郊的苗圃里，他终于找到了这种更具芬芳的野生酒花，这就是老杨格瓦斯的灵魂。

制作格瓦斯第一步是打列巴——一种专门用来发酵，而不是吃的列巴。杨清华自己打的列巴配料就是纯面粉，而外面买的列巴里面含有添加剂和鸡蛋，这都将会影响最终的发酵。

打好的列巴还要切成薄厚均匀的小片儿放入烤箱中二次烘烤，直到表面焦煳。正是这种焦煳的列巴，赋予了格瓦斯浓郁的香气。

酵头是杨清华的宝贝，最原始的酵母藏于其中，这也是老杨格瓦斯独特口感的秘密之一。将酵头和啤酒花搅匀混合后，加入葡萄干。这时的葡萄干好似风味的引线，将果香、谷物以及列巴的焦香味在发酵的过程中完美地串联起来。为了保持发酵的恒温，杨清华想出了简单却有效的办法——电热毯。

杨清华接下来要制作曲子。曲子，也叫引子，是指引发酵方向的物质。彻底发酵好的曲子有面包、麦芽和麸皮的味道，它们都将在曲子中混合成一种丰富而独特的香味。

格　　　瓦　　　斯

　　三天后,格瓦斯酒引子发酵成功。杨清华用纱布过滤,挤出来的奶白色液体就是格瓦斯的原液。传统的格瓦斯是先将原液直接倒入清水再进行下一步的制作,但原液和果酱的第一次相遇能否成功发酵,杨清华的心里也没有把握。他仔细观察着缸里细微的变化,又加入少许白糖让酵母菌更努力地工作。

　　老杨最担心果酱对格瓦斯酒精度是否有影响,于是他向一位发酵专家——范教授请教。范教授接到老杨打来的求助电话,给出"加了果酱酒精度数就会上来"的正面回答。杨清华悬着的心终于放了下来,接下来的发酵就耐心交给时间吧。

　　在酒引子和果酱的互相作用下,酵母的活性达到了巅峰状态。在持续加入白糖后,发酵液开始狂欢沸腾,似乎在向杨清华暗示成功的信息。

　　此刻,发酵已接近尾声。捞出残余的果肉,发酵成熟的格瓦斯涌起泡沫,原本平静的液体犹如拥有生命一般沸腾翻涌着。杨清华并不着急品尝,因为要达到一种微麻的口感,还需往瓶中灌入一定压力,继续低温无氧发酵。

　　杨清华对这次的创新结果很有信心,并且带着自己精酿的格瓦斯出现在朋友的聚会上。当大家争抢着喝完他的作品时,杨清华充满了成就感。

　　有人说格瓦斯不像饮料,有人说格瓦斯不像酒,也有人说格瓦斯喝出了花果的香气。没错,这就是杨清华要的味道,一杯有灵魂的格瓦斯就该如此。

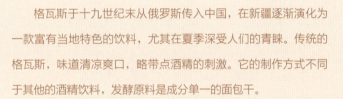

　　格瓦斯于十九世纪末从俄罗斯传入中国，在新疆逐渐演化为一款富有当地特色的饮料，尤其在夏季深受人们的青睐。传统的格瓦斯，味道清凉爽口，略带点酒精的刺激。它的制作方式不同于其他的酒精饮料，发酵原料是成分单一的面包干。

　　首先，纯净的面粉遇水被揉搓发酵成光滑的面团，进入烤箱，变成坚硬略带金黄的列巴；之后，列巴被切成薄厚均匀的小片放入烤箱中进行二次烤制，直到表面彻底变成焦糊的状态；最后，将烘烤好的列巴碾成面包渣，进行浸泡，提取面包液，并将面包液放入发酵器皿中，加入其所需的酵母，再进行反复的过滤。如此产生的美味液体便是格瓦斯。

　　完美的格瓦斯色泽清透，呈琥珀色，在夏季通常以桶装的形式出现在新疆的夜市中。硕大的酒桶里，装载了许多人心中最佳的解暑利器，清纯的液体顺着木质的酒桶壁流入玻璃杯中，雪白的泡沫激起了人们心中啜饮的欲望，喝一口瞬间清凉流遍全身，甘甜清冽的口感，搭配着浓郁的烧烤香，就是夏季里的最佳搭配。

孢孜酒

九月是新疆很多农作物收获的季节，伊犁河谷也进入了采收季。生活在这里的柯尔克孜族，在这个季节会酿造一种传统的饮品——孢孜酒。

孢孜酒是柯尔克孜族用塔尔米、小麦和玉米发酵制成的一种名叫"牙尔玛"的饮料。其口感醇厚、甘美、清香，甜中略带点酸，既有醪糟的长处，也有啤酒的优点。孢孜酒的酒精度可达三到十二度，不仅是上好的饮料，还有一定的药用价值，可以祛寒、生津、开胃助消化。

对山拜是柯尔克孜族酿造孢孜酒的传承人。每年一到秋季天气转凉时，他都会做孢孜酒，今年也不例外。虽然玉米、青稞、小麦都能酿造孢孜酒，但对山拜觉得用塔尔米做的孢孜酒才是最正宗的。

塔尔米，也叫黄米、黍米、糜子米。其实就是五谷之一的黍，黏的籽叫黍，不黏的籽叫糜子，两种统称为黍。这种起源于黄河流域的农作物，适应能力非常强，从内地传入新疆后被广泛种植，并成为许多少数民族的传统食物。

制作孢孜酒

　　塔尔米含有多种人体所需维生素以及有利于生长发育的棕榈酸、亚油酸、异亚油酸等有益脂肪酸，其粗纤维、灰分、黍素等营养成分有促进消化、滋补身体等功效。此外，塔尔米含有多种米、麦中所缺乏的氨基酸，对调补机体代谢十分重要。不仅如此，塔尔米熟得快，发酵也快。

　　为了酿孢孜酒，对山拜决定出门找寻塔尔米。由于近年来塔尔米产量低，现在已经很少有人种植，所以对山拜找了几家店都没有收获。探寻无果，对山拜只好再一次前往记忆中种过塔尔米的山脚下碰运气。但令他失望的是，曾经记忆中长满金黄塔尔米的田地，现在已经没有一丝塔尔米的影子了。

　　几经打听，对山拜终于获取了塔尔米的消息，于是立刻前往离家三十五公里外的国道边，寻找那一小块种着塔尔米的宝地。在这里，对山拜遇到了收割作物的农民，打过招呼后，对山拜提出了购买的请求，但农民没有答应。凭借多年的经验，对山拜观察了一番后断定，这里颗粒饱满、色泽金黄的塔尔米能酿出上好的孢孜酒。不甘于空手而归，对山拜提出帮助农民收割。付出总有回报，收割完作物后，为了表示感谢，也看在对山拜专程来找塔尔米的这份执着，农民送了一些塔尔米给他。

　　对山拜说，以前上学的时候家里就卖孢孜酒，他在一旁看着，渐渐就学会了如何酿孢孜酒，便从那时一直做到了现在。

　　对山拜仔细地揉搓和挑选，生怕浪费塔尔米这个珍

孢　孜　酒

贵且来之不易的原料。如果说原料的差异会导致孢孜酒的口感和劲度有所不同，那火候的掌握则决定了孢孜酒的成败。做孢孜酒是个技术活。在磨好的塔尔米中加入温水，搅拌均匀后放入铁锅，反复翻炒数小时。其间不凭借任何机械，全靠一双手完成整项流程，这对于六十六岁的对山拜来说，是一种体力上的挑战。但对山拜并不觉得累，他把自己对孢孜酒的爱彻底融入了进去，并乐此不疲。柴火的温度凭经验控制。对山拜说，做孢孜酒的时候，要像看护小孩一样用心才能做好，特别是炒的过程，格外需要耐心。炒好的塔尔米倒入盆内散热放凉，降到合适的温度后，倒入先前发酵好的孢孜酒里做引子。在菌种的作用下，如果温度合适，一天就可以发酵成功。发酵结束，过滤后的糊状液体，就是味道醇厚甘美、带有谷物的香气的孢孜酒。

千百年来，柯尔克孜族用这种朴实的方法酿造着他们的生活。柯尔克孜族对孢孜酒的情感，犹如南方人对醪糟的喜爱。

美味不一定是珍馐，更重要的是人们的相聚。在每个柯尔克孜族人的记忆中，能和亲人坐在一起，喝一碗来自长辈亲手制作、暖暖的孢孜酒，那便是最幸福的事儿。

　　孢孜酒是柯尔克孜族的一款特色酒饮，在柯尔克孜族人心中，酿制孢孜酒的最佳原料是塔尔米。塔尔米个头并不大，但是颗粒金黄饱满，在长时期阳光的滋润下，蕴含丰富的维生素和矿物质。制作孢孜酒极需耐心，新鲜采摘下来的塔尔米，要经过仔细地揉搓筛选，再磨成细细的粉末。磨好的面粉加入温水进行翻炒，用木棒进行不停地搅拌，保证每一部分都要受热均匀。炒好后的塔尔米粉末放凉降温，倒入之前做好的孢孜酒作为引子，一壶令无数老一辈柯尔克孜族人魂牵梦绕的孢孜酒就完工了。

　　颜色淡黄的孢孜酒，味道醇香，入口下咽的每一个喉动中都夹杂着谷物的香气。

乌 苏 啤 酒

"来来来来，吃啥有啥，羊肉不香牛肉香，看着不香吃着香！"

在烤肉摊主热情吆喝之下，食客们推杯换盏，一串接着一串。充满烟火味的夜市是新疆人的最爱，烤肉和乌苏啤酒是这里的主角，人们在这里开怀畅饮，互诉衷肠。

城市的夜晚在啤酒的微醺中更显热闹喧嚣。这种令人微醺的味道的秘密，掌握在叶红手里。作为国家级啤酒品酒师，叶红凭借多年的经验和与生俱来的品鉴力，决定着这些巨大酿酒罐里的啤酒能否流入市场。

叶红从 2009 年开始从事品酒工作，是这个领域的专家，同时她也在培养新的一批专业品酒师。他们会经常进行例行的品鉴测试，每一口品鉴的结果，都将决定他们能否成为合格的品酒师。

代表权威的叶红会在自己的主战场品酒室里，在啤酒中添加各种不同的风味物质，然后一一进行辨别。她始终认为，味道只能通过人去感知品鉴，机器不能完全代替人。她享受那种精心酿制的啤酒与味蕾相互碰撞带来的快感,对她来说,每一次成品面市都要做到分毫不差,生产的每一个环节都必须严格把关。

水、麦芽、啤酒花、酵母是啤酒的基本原料,制出一杯好啤酒离不开优质的大麦,而这些麦子也将随着农民的收割开启啤酒酿造的品味之旅。

远离乌鲁木齐两百多公里的奇台市江布拉克大麦产地,这里早晚温差大,平均日照长达十四个小时,漫长的日照和干爽的气候使这里的大麦蛋白质含量高于其他地区,乌苏啤酒的独特口感正是来自新疆大麦的优势。

麦粒经过长途跋涉后,抵达库房。清洗、浸润,大麦粒饱含水分地进入了发芽阶段。与进口麦相比,国产麦的蛋白和氨基氮含量更高,酶活性更强。发芽期四天后,麦芽均匀饱满、富有光泽。

外观的不同并不足以证明品质的差别。为了进一步鉴定麦粒的质量,叶红和她的团队还要做一次糖化实验。糖化就是让麦芽在高温和时间的作用下释放出糖分。等待麦芽糖化的过程也是叶红的午餐时间,为了保护味觉的敏感,叶红保持着自己饮食清淡的职业习惯,几盘不同的青菜就是叶红的一日三餐。

三个小时的等待,麦芽产生了大量的麦芽汁。本土麦芽优异的表现,让叶红信心大增。热风烘干后对水分进行精准控制,大麦从麦粒到麦芽完成了酿造啤酒的第一步。

啤酒花是啤酒酿造的核心材料之一,啤酒迷人的苦涩和清爽的香气都源于此。此外,这也是啤酒花被称为

"啤酒之灵魂"的缘由。即使从事品酒行业已有十一余载，叶红还是会为啤酒花的独特香气着迷。

新疆独特的气候与纬度使得酒花中的阿尔法酸含量高于其他产地。十月，啤酒花开始采摘了。这时，酒花中的各种有效成分含量达到最高峰。由于酒花极易被氧化，因此收割、脱花、干燥都必须在尽可能短的时间内完成。在池底的热风鼓吹下，酿酒前的酒花颗粒完工了。

啤酒酿造称得上技术与艺术的结合，酵母则是酿造过程中的魔术师。在无菌室里经过至少二十四小时扩大培养后的酵母进入发酵罐，正式开启一场全新的蜕变之旅。

即便是大型酿酒厂，精准控制所有的工序也并非易事。虽然叶红所在的酿酒厂已进入全自动控制模式，但叶红依然不敢掉以轻心，一遍遍地进入厂房亲自指导工作。

在麦芽糖化进入尾声时加啤酒花，这样酿造的糖液才能被称为啤酒。一天添加四次，每次添加的时间、数量、种类都要精确把控，剩下的就全交给时间了。经过十二天的等待，不管是数据指标还是口感、观感，叶红希望每一项都在掌控之内完美呈现。

阳光赐予万物生命，麦粒在这里完成了华丽转身，带着阳光的热烈与雪水的清凉，化身成为流光溢彩的琼液。

除了乌苏啤酒这样的大型酿酒厂，也有很多像大坤和他的伙伴们一样热爱啤酒的小团队。

大坤是一个土生土长的新疆人，也是一位喜欢自酿啤酒的发烧友。从初次喝酒开始，酒桌上就少不了乌苏啤酒的身影。他和来自五湖四海、志同道合的伙伴共同经营着一家小型酿酒厂。凭着对新疆独特物产的喜爱，他们决定探索一个新的啤酒世界。作为新疆人的大坤，一直以来都想把家乡的元素融入啤酒当中，让更多的人喝到新疆的味道。

推陈出新，需要在原有的基础上重新定义记忆中的味道。既然是"玩家"，就一定要玩出花样。大坤和他的伙伴们希望在自己的精酿小罐中加入葡萄。不同于乌苏酒厂的拉格啤酒，大坤和他的伙伴们酿造爱尔啤酒。因为规模小，他们更多利用不同的食材增添啤酒的风味。

这一次，他们选择在啤酒里加入制作红酒的原料——赤霞珠和美乐。美乐突出果香，赤霞珠突出浆果味。将葡萄颗粒完整摘下，清洗干净后捏碎，果肉瞬间迸出，酸甜的气息在鼻尖萦绕。迅速入罐并充入二氧化碳，让其接触少量空气。一个啤酒与葡萄的故事即将上演。

每一次尝试都伴随着期待，对他们来说，享受的正是这种期待的过程。他们期待果香和酒香紧密融合后在舌尖的缭绕，也期待着每一次创新之后带来的新奇体验。

一个偶然的机会，大坤有幸邀请到叶红来他们的工作室。看到大坤一行对啤酒酿造如此执着，叶红毫无保留地分享了自己多年的经验。叶红的耐心指点让大坤收获颇丰。不久之后，大坤潜心酝酿的成果得到了肯定。在品鉴会上，大坤分享了获得全国百家精酿酒厂比赛的银奖作品。

当然，这次品鉴会他特意请来了叶红。叶红非常欣慰，可以预想到在不久的将来，啤酒的江湖里又会发生更多

流光溢彩

精彩的故事。

　　经过叶红和团队的努力，二百四十吨原液已经罐装，它们将出现在普通百姓的餐桌上。月升日落，杯中的气泡缓缓上升发出"嗞啦"的声音，细腻洁白的泡沫漂浮在表面，举杯之间，玻璃相撞的声音传递着温情，一饮而尽的乌苏啤酒尽显豪迈。当夜色蒙上啤酒的滤镜，更觉"半酣味尤长"。

　　新疆的滋味是芳香的格瓦斯；

　　是浓浓稠稠的奶茶；

　　是温厚酸甜的孢孜酒；

　　是苦涩回甘的啤酒；

　　是生活的五味杂陈。

乌 苏 啤 酒

　　乌苏啤酒是新疆人的骄傲，是夏季冰柜中必不可少的红绿色身影。水、麦芽、啤酒花、酵母是酿制啤酒的基本原料。新疆充沛的阳光和长时期的日照，造就了高品质的大麦，也成就了乌苏啤酒独特优质的口感。处理好的麦粒进行清洗浸泡，开始等待发芽，当麦子开始抽出细长的嫩芽时，啤酒酿造的第一步——抽麦芽就完成了。最关键的第二步则是需要啤酒花的参与。淡绿色的啤酒花，给啤酒提供了独特的苦涩和清爽的香气。当麦芽完成糖化的时候，就是加入啤酒花的最好时刻，分批次加入后，开始漫长的等待。

　　酿好的乌苏啤酒，冒着细小绵密的气泡，淡黄色透明的液体，时时散发出淡淡的谷物香，入口微苦回甘，清凉解暑，再搭配各类烧烤菜肴，与朋友们在灯光下举杯畅饮，这是属于新疆人的夏天！

附录一

纪录片《新疆滋味》

导演手记

《新疆滋味》

纪录片《新疆滋味》总导演手记

徐 小 卉

在我接手总导演工作时，这部片子已经定了题目——《新疆滋味》。制片人的初衷，是"滋味"的含义更广些，可以说说人生滋味；可投资者的意愿，还是要做美食。对于一部做美食的纪录片来说，滋味，比味道的生理体验更为丰富，也为我们的创作提供了更广且深的思考空间。

对于"滋"这个字，清代陈昌治刻本《说文解字》和段玉裁《说文解字注》都有一种解释：益也，从水兹声。那么"益"的意思呢？陈昌治刻本《说文解字》的解释为：饶也。段玉裁《说文解字注》解释得更为具体：食部曰，饶、饱也；凡有馀曰饶。显然，"滋"最根本的释义，是多、余、溢出之意。弯来拐去搞清楚了"滋"的最终含义，心下大喜。新疆美食变化多端、同中有异的味道，不正是它独有的特点吗？

新疆好大，面积166万平方公里，占中国国土总面积的1/6。新疆地理状况好复杂，有众所周知的三山夹两盆，有高海拔的帕米尔高原和低海拔的吐鲁番盆地东西相望。被山与盆地隔开的南疆、北疆、东疆即便出产物相同，颜色味道也总有差异。如果我们说酸甜苦辣是味道，那么，新疆境内不同地方的出产物，酸与酸，甜与甜，差别可不小，因此也带来了烹调方式的不同。它需要我们想到、做到充满耐心地去发现，不能辜负了这片神奇的土地。

先说说新疆的羊肉跟地理的关系吧。在新疆，每个地方的人，都说自己这里的羊肉最好吃。这就带来了一个难题，到底选哪里的羊来拍摄呢？考虑到新疆的地理状况，我们选择了帕米尔高原的羊和吐鲁番盆地的羊，供飨观众。

乌恰县托云乡平均海拔 3300 米以上，最高点海拔 5031 米。这里牧民原本饲养的是本地品种的羊——柯尔克孜羊。一般比较专业的介绍这么说：这种羊体型匀称、紧凑，四肢高长，对天山南坡坡度较大的放牧地段有着很强的适应性和放牧能力。通俗地说，就是这羊善于爬陡峭山地，因而肉质紧实，羊腿尤其好吃。像高寒地带的羊一样，为了储藏脂肪用以度过寒冷的冬天，柯尔克孜羊也有着肥硕的大尾巴，这一堆油脂占到了总产肉量的 20%。这种比较肥美的羊肉更适于煮食。近几年，随着生活水平的提高，人们的饮食习惯逐渐改变，市场已经不欢迎充满油脂的羊尾了，并且那只大羊尾还会使得一只羊少卖 1/5 的肉。于是，改良柯尔克孜羊，使它不再有那肥大的尾巴，成为当地牧民的梦想。天遂人愿，牧民素力普卡尔·买买提哈热无意中遇到了一种他没有见过的羊。有一天，他在山上碰到了另一个牧羊人，牧羊人的羊群里有几只羊个头大、尾巴小，这引起了他的注意。对畜牧科技感兴趣的买买提哈热花高价买下了这几只羊，来到畜牧站询问技术员是否可以用这些羊做种羊，与柯尔克孜羊杂交，以改良肥大的尾巴。他得到的回答是肯定的，但此时他还不知道这些羊的品种。又一个偶然事件出现了，一位来自吉尔吉斯斯坦的卡车司机看见了这些羊，说：这不是我们那边的巴特肯羊吗？巴特肯是吉尔吉斯斯坦的一个州，此羊以该州名命名。于是，乌恰县正式开始用吉尔吉斯斯坦的巴特肯羊与柯尔克孜羊杂交。巴特肯羊除了抗病、抗寒能力和高海拔坡地放牧能力强外，还有比较细短的尾巴，这使它在与柯尔克孜羊体重相同的情况下，出肉率高了 20%。我们的拍摄对象艾孜卡尔家就养着柯尔克孜羊和巴特肯羊，还有二者杂交的第一代小羊。艾孜卡尔说，小羊是小尾巴的，长大了拿去卖，他们自己还是喜欢吃大尾巴油脂多的羊。

吐鲁番的托克逊县，是全国唯一的海拔零点县城，那里的托克逊黑羊与高原上的羊截然不同，烹饪方法也不一样。托克逊具有典型的盆地气候，四季风沙弥漫。在年平均降雨量只有7毫米的荒漠上，耐旱植物顽强生长。为了尽量吸取水分，这些植物都具有发达的根系；而为了减少水分蒸发，它们的叶片极度缩小或干脆退化为刺。托克逊黑羊的重要食物——骆驼刺便是如此。骆驼刺不是草，它是粗纤维的半木质化植物。托克逊黑羊不畏粗、不怕硬、不惧尖，因而能从骆驼刺中获取难得的养分——糖。在古代称为西域，后由清政府定名新疆的这一大片土地上，是没有甜菜种植，也没有制糖业的。20世纪三四十年代，从苏联传入了甜菜种子，伊犁一带开始种植，渐渐有了白糖这种东西。古代的西域各族人民食用蜂蜜和饴糖来获取更多能量以维持生命活动，这在一些传统食物中留有痕迹。火遍全国的维吾尔族小吃切糕、和田的酸奶粽子，甜味都来自饴糖，制作时要奋力熬制。除了蜂蜜和饴糖，古代西域人民也从骆驼刺中获取糖。吐鲁番盆地有"风库"之称，大风起时，骆驼刺的针刺扎破叶片，叶片伤口分泌出甜的汁液，汁液凝结后的小块，民间叫它"刺糖"。这刺糖是一味中药，可治疗腹痛、腹泻、痢疾。一千多年前，刺糖是很有知名度的，唐玄宗时期曾作为贡品，沿丝绸之路奉送长安。托克逊黑羊食用着这样的植物，身体自然强壮。由于终年放牧，很少补饲，牧场自然环境又比较恶劣，牧草生长缓慢而少，托克逊黑羊一天寻牧要走十几公里，转场迁徙时每天要走40多公里。它坚硬的蹄质、结实的四肢、发达的后躯，为长途跋涉提供动力。如此大的活动量，使得托克逊羊肉脂肪含量很低。

生活在海拔三四千米处的柯尔克孜族，羊肉是煮着吃的。由于海拔高，水的沸点低，蒸汽难以产生，所以制作羊肉只能用煮的方式，而且一锅肉得煮4小时左右。而生活在海拔零点处的维吾尔族，则把羊肉蒸来吃。托克逊海拔低，水的沸点高，蒸汽更容易产生，可以在比较短的时间内将食物蒸熟。使用蒸的烹饪方式，更容易保留食材本身的鲜味物质，令食物鲜香嫩滑，托克逊蒸羊肉的美味，可想而知。

抓饭，是新疆人喜爱的日常美食。在维吾尔和乌孜别克等民族中，抓饭还是重大节日和婚丧嫁娶的必备佳肴。胡萝卜是制作抓饭不可或缺的食材，在新疆吃抓饭会发现这样一个现象：南疆用的胡萝卜大多数是黄色的，我们在和田的拍摄对象哈斯家种植的就是黄色胡萝卜；而北疆出现在抓饭中的却以橘红色胡萝卜为主。南北疆之间的一道天山，隔出了胡萝卜不同的颜色。胡萝卜原产于亚洲西南部的阿富汗，有两千多年的栽培历史，最初是紫色的。荷兰学者 Banga 认为，栽培的紫色胡萝卜及其颜色突变体黄色胡萝卜是从阿富汗同时向东方和西方传播的：10—11 世纪先传到小亚细亚；12 世纪传到西班牙；14 世纪向西传到西北欧大陆，向东传到中国；15 世纪又传到英格兰……那么，当时传到中国的胡萝卜只能是黄色的。16 世纪及其以前，西北欧种植的大都是紫色和黄色的胡萝卜，在 17 世纪，荷兰人才首先选择培育出橘红色胡萝卜。显然传入中国的时间，橘红色胡萝卜一定晚于黄色胡萝卜。我们有理由相信，由于天山的分隔，这两种胡萝卜传入中国的时间不同，路径也不同。新疆的地理环境复杂而分明，让我们能容易地辨别出食材同中有异的特质。形状相同颜色各异的两种胡萝卜，口感也不同，橘红色胡萝卜具有伞形科植物所具有的特殊味道，而黄色胡萝卜没有，所以南疆的维吾尔族人会说，他们的黄色胡萝卜更甜。橘红色胡萝卜口感脆嫩，但是在保存过程中容易木质化；黄色胡萝卜虽然吃起来感觉比较硬，还略带韧性，但是在存放期间口感不会发生明显变化，更容易存放。费这么多笔墨整理胡萝卜传入新疆的历史，无非是想告诉大家，在南疆吃一碗抓饭，如果不是黄色胡萝卜做的，那一定不正宗。现在，南疆的抓饭师傅有时也会在抓饭里加些橘红色胡萝卜，可这只是为了调节抓饭的色彩。

相对于抓饭，新疆的面食更为普遍，也更为日常。生活在塔什库尔干的塔吉克族，可以制作多样的面食，过节、待客，让日子不再单调。他们家中常备着叫"阿尔孜克"的油炸面食，外表有些像我们常吃的鱿鱼卷，圆形，直径5—6厘米，面和好后要在筛子目上挤压一下，使面团上留下许多突出的小麻点，作为茶的上佳搭档。但最吸引我们视线的，还不是这些美食，而是他们过年时一个特别的礼仪。公历的3月21日，是塔吉克族的肖贡巴哈尔节。"肖贡巴哈尔"在塔吉克语中的意思是"迎春"。节日前，每个家庭都要从里到外打扫卫生，清除院落内的积物，同时还要撒上面粉，表示祝福，希望来年吉祥如意。在节日当天，人们要推举一位德高望重的"肖贡"，由他带领一些人去各家拜节。拜节时，"肖贡"走在前面，到每家后，"肖贡"先开口讲祝贺节日的贺词，主人再对客人的到来表示欢迎，接着将早已准备好的面粉撒在"肖贡"和其他客人的肩上，以示祝福。从这些礼仪中，我们分明感到，在塔吉克族人的观念里，面粉是神圣之物，是可以顶礼膜拜的。塔什库尔干在新疆的西南角，在它对角线的位置上，也就是新疆的东北角，是巴里坤哈萨克自治县。每逢端午节，巴里坤家家都要做一种大型蒸饼。蒸饼是把红曲、姜黄、香豆子等香料卷在发酵的面里，做成重达3千克、直径达50厘米左右的大馍馍。蒸饼上有红、绿、黄再加上面粉的白色，一共4种颜色，表达着春生、夏长、秋收、冬藏的四季轮回。由此看来，巴里坤人的蒸饼，绝不只是一种美食那么简单，它已成为人与自然的味觉连接。从西南到东北，新疆小麦和面粉的种类、口感有所不同，但各个民族对食物的崇拜却是相同的。

新疆有40多万平方公里的沙漠，沙漠的南缘北缘食材的出产、味道也同中有异。同在喀什地区，塔克拉玛干沙漠北缘的阿图什盛产无花果，而南缘英吉沙的色买提杏又格外可口。曾经在阿图什的街上看见大大的、色彩饱满的杏，有意买来品尝，其甜度、水分都与色买提杏相差很大。这也许说明，在新疆追寻美食需要越过天山、穿过沙漠，会颇为辛苦。

　　新疆著名的美食大盘鸡，神奇般地做了地理的穿越，它不但遍布新疆，而且传至中国各省。这道美食出自新疆沙湾，原本是一道辣子炒鸡。清朝末年，左宗棠收复新疆是一个重要的历史事件，但同时还催生出了一个美食事件。据沙湾县志记载，左宗棠曾命令部下在沙湾屯田，湖南的军队把辣椒带入了新疆。辣椒属于茄科植物，茄科植物具有喜温、喜光的特点，新疆的气候非常适合它的生长。如今，沙湾安集海镇的辣椒，已经成为国家农业地理标志产品。新疆人吃辣椒的能力，往往令内地省份的人惊叹！当然，最有特点的，还是锡伯族的烤辣椒，我们选取这难见的美食，进行了拍摄。沙湾的厨师大多是回族，善烹饪，他们在辣子炒鸡中加入辣皮子、土豆、皮带面，形成了今日的大盘鸡。其中，土豆又是茄科植物，新疆独特的气候条件非常适宜土豆干物质的积累，淀粉含量往往在20%—24%之间，不仅高产，而且质优。要说在烹饪中驾驭土豆，非俄罗斯族莫属：著名的土豆烧牛肉就不必说了，红焖肉饼"丞得列得"必须配以金黄的土豆，"比列什克"是一款土豆包子，"苏波汤"也少不了土豆的参与，最后加入的皮带面和哈萨克族的"纳仁"极其相似。从辣子鸡到大盘鸡，新疆不同民族喜爱的食物融入其中，正所谓异中求同。我想，大盘鸡之所以能够远播全国，就在于它的兼顾性和融合性吧。

　　新疆好神奇，地理的隔绝使美食同中各异，而民族的融合，又使美食异中趋同。所以，《新疆滋味》比其他的美食纪录片又多了另一些值得玩味的东西。

祝福所有为大盘鸡的发展
做出过贡献的人们！

——《大盘小膳》导演手记

张 雁 北

    1986 年央视春晚有个小品叫《羊肉串》：陈佩斯扮演的小贩，假冒新疆人卖羊肉串，但一句话让他露了馅儿——"乌鲁木齐，美丽的地方啊！一片大草原，一望无际……"乌鲁木齐是新疆维吾尔自治区的首府，大城市，怎么会是一望无际的大草原呢？这原本是个包袱，结果，没抖响。不是演员的表演不好，而是在那个年代，人们对新疆实在太不熟悉了。在很多人心目中，乌鲁木齐也许就是一片大草原呢，那里盛产好吃的羊肉串啊！

    2019 年 11 月，我进入了《新疆滋味》节目组。我这集《大盘小膳》的内容，主要讲述新疆大盘鸡的来龙去脉。这个系列的其他各集，无论是米、面、鱼、肉，还是水果、饮品，都是一类美食；我这集却不同，大盘鸡只是一道菜，从诞生到如今，不过 30 多年，既没有悠久厚重的历史，也没有名人加持的典故，50 分钟的节目，该讲些什么呢？带着这个问题，我去新疆做了 10 天的前期调研。

　　在出发之前，我做了大量案头准备，再加上现在北京的新疆餐馆也不少，吃过、见过，自认为对新疆已经有了比较清晰的了解。但真到了那里才知道，我这点儿浅尝辄止的认识，与真实的新疆，还有很大的距离。这个感受，在我 2020 年去实地拍摄时，愈发强烈。好吧，我就把这感受融入片中，给观众讲述一个大家可能还不太了解的新疆。当然，我的讲述也不是漫无边际的，还是要围绕这集的主题——大盘鸡来讲。

　　第一次吃大盘鸡，是 1998 年去新疆出差。我和同事两个人，点了大盘鸡、炒鸡蛋和两个凉菜。凉菜是什么忘记了，对炒鸡蛋印象深，因为在点菜时，伙计一再问我们用什么炒鸡蛋。我们说，就是炒鸡蛋。伙计很坚持：辣椒炒蛋？皮牙子炒蛋？番茄炒蛋？什么炒蛋？我同事说：那就鸡蛋炒鸡蛋！待我们把鸡蛋炒鸡蛋和凉菜吃得差不多的时候，伙计把大盘鸡端了上来，那着实惊到我了——一尺二寸的搪瓷大盘，岗尖儿！超大的菜量，是大盘鸡给我的第一印象。

　　与大盘鸡最近一次亲密接触，是 2020 年 10 月 1 日，我去青岛拍摄《新疆滋味》的一个段落。《新疆滋味》为什么要去青岛拍摄呢？因为中国烹饪大师梁志伟在青岛胶州新开了一家新疆菜馆，主打菜之一就是大盘鸡。青岛是海滨城市，海产丰富，当地人吃惯了咸鲜口儿的海味、鲁菜，对香辣口儿的大盘鸡能接受吗？那天，店里有一家顾客给老人做寿，压桌菜就是由梁大师亲自掌勺的大盘鸡。菜送进包厢，梁大师也跟了进去，一来是向老寿星祝寿，二来是给客人做个介绍：正宗的新疆大盘鸡是有些辣的，考虑到山东人并不是太能吃辣，所以菜里用了一种新疆特产四平头辣椒，别看它红红的挺吓人，其实并不太辣，而是香、特肉头，好吃得很。在老梁一番推荐下，有大胆一点的客人就先挑着辣椒吃了几口：嗯，好吃，微微的辣，还有点甜，从来没吃过这么香的辣椒……这话一出口不要紧，客人们的筷子就都奔着辣椒去了。转台转到后来，有客人没吃到辣椒，就抱怨老梁：老板太小气了，辣椒给得太少。老梁弄了个大红脸，只好实话实说：这"四平头"是从新疆空运来的，成本很高，比肉还贵，在乌鲁木齐买都要100钱1公斤。最后还是老寿星发话给他解了围：再加一个菜，就炒这个"四平头"，红红火火的。老梁顺坡下驴：好嘞，这回保证大家都能吃上。

四平头辣椒是新疆奇台市的特产，2010年被农业部批准实施了农产品地理标志登记保护。这种辣椒的外形，有点像鲜食的甜椒、柿子椒，方灯笼形，果面有四条棱沟，平顶，因而得名"四平头"。它的特点是皮薄肉厚，皮肉不分离，辣味适中，辣中带甜。四平头辣椒在新疆栽培历史悠久，但是在20世纪80年代，曾一度出现品性急骤退化，后来，是乌鲁木齐市蔬菜研究所的专家通过提纯复壮、杂交改良技术，让这一古老的优良品种重新焕发了生机。严格来说，现在大面积种植的应该是它的改良品种"新椒3号"，但习惯上人们还是叫它原来的名字"四平头"。主持育种工作的，是葛菊芬研究员。在前期调研阶段，我曾登门拜访葛老师，在3个多小时的交谈中，她向我详细介绍了新疆的辣椒。

除了"新椒3号"或者说"四平头"外，新疆还有很多优良品种的辣椒。与川、陕、云、贵诸省相比，新疆辣椒并不以辣见长。但是由于独特的气候条件，新疆辣椒的色价值普遍较高，通俗地说，就是比其他产区的更红。因此，新疆辣椒除了鲜食和干食外，很大一部分被用来提取辣椒红素。辣椒红素是一种优质天然色素，除了用于食品加工外，在医药和化妆品工业中也有良好的应用前景。每年9月的辣椒采收季，新疆各地就会出现一个奇景，原本空旷的荒漠戈壁，被晾晒的辣椒染成一片片红色的海洋。人们称这是新疆的"红色产业"。

新疆辣椒另一个特点，就是果肉较厚。由于这个特点，带来新疆辣椒的一种独特吃法。新疆人称晒干了的辣椒为辣皮子，他们并不像四川人、陕西人那样，把干辣椒当作调味品，而是把它作为一种食材。用清水泡半小时以上，辣皮子的肉质就会恢复饱满。泡发了的辣皮子，与羊肉一起炒，就是新疆名菜"辣皮子炒肉"。

乌鲁木齐有一位先生，从小爱吃辣皮子滚肉，成年后对这道菜愈发痴迷，以至于出差几天吃不到就会百爪挠心。辣皮子滚肉是一道现炒现吃的菜，出差在外哪能轻易吃到呢。于是，他决定自己成立一家企业，专门生产便于携带、能随时吃到的辣皮子小菜。为了寻找合适的原料，他南下北上十几个省，兜了一大圈，最后把目光落在了奇台，聚焦到"四平头"上。经过十几年的奋斗，他的企业从小到大，从弱到强，如今，已经成为新疆最著名的辣椒深加工企业。著名到什么程度呢？有个事足以说明——2010年，国家标准委曾授权炒制法辣椒酱国家标准由他的企业负责制修订。他叫程华，他不仅开创了一家现代化食品企业，打造了一个获得"中国驰名商标"的品牌，而且，他让奇台四平头辣椒这一优质农产品占领了市场，给当地农民带来了真正的实惠。

诚如梁志伟所言，四平头辣椒很贵，但确实物有所值。我在乌鲁木齐工作的日子里，先后在几家小饭馆吃过用四平头辣椒做的美食，都给我留下了深刻印象：有一家叫"王一道"的餐馆，用四平头辣椒做馅儿包包子；有一家叫"馕王"的店，用它做馅儿打馕；有一家"壹号面匠"、一家"九号传奇"，用它做辣皮子滚肉拌面。对这几样小吃，我只能用一个字概括：赞！

新疆辣椒菜肴中，最独特的做法是察布查尔县的锡伯族烧辣子。前期调研的时候，我们找到了一位名叫李德强的锡伯族厨师。那天，他用烧煤的炉灶为我演示了烧辣子的制作方法。做好之后，他告诉我，过去，锡伯族都是在烧火做饭的稻草灰里烧辣子，那样才正宗。现在城里控制大气污染，不让烧稻草了，只能用煤炉将就。我试探着跟他商量，拍摄时能否到野外去，用稻草烧一个正宗的。李德强说，野外不行，到时候找一找，看谁家还有大灶。转年实拍的时候，李德强还真找到一个院里砌有大灶的亲戚家。拍摄完成，我也就知道为什么要用稻草烧了。新疆的锡伯族，是两百多年前由东北西迁过来屯垦戍边的，很多生活方式与东北人很相像。过去，家家垒有锅灶，烧饭烧菜之外，也为火炕供热。烧饭的时候，用灶膛的灰烬烧辣椒，不浪费柴草。

饭烧熟，烧辣椒就是一盘菜，正好下饭。

烧辣子做法简单，用稻草灰烬把鲜辣椒烫熟，趁热用凉水冲洗，因为热胀冷缩的比率不同，辣椒皮肉分离，就好剥皮了。剥了皮，手撕成条，加上配菜西红柿片、洋葱丝、蒜末和调味料，一盘锡伯族传统小菜烧辣子就完成了。吃起来，味道有点类似虎皮尖椒，但因为没过油，感觉更爽口。

看到这里，您也许要问了：说大盘鸡，怎么讲了这么多辣椒的事？因为辣椒与大盘鸡太有关系了。

大盘鸡发源于新疆沙湾市，沙湾有一位方如果，2009年写了一本书叫《大盘鸡正传》。方如果以前从事司法工作，在这本书中，他以法律人的严谨，为读者讲述了大盘鸡的前世今生。前期调研时，我在沙湾见过方如果老师，当面请教了很多有关大盘鸡的人和事。在原来的拍摄方案里，方老师也是我片中设计的拍摄对象，可惜的是拍摄期间因为新冠肺炎疫情，方老师滞留北京，没能赶回沙湾参与拍摄，这是本片的一个遗憾。

按照方老师的说法，大盘鸡来源于辣子炒鸡。

辣子炒鸡是新疆的一道传统家常菜。过去，当人们看到鸡娃子开始啄吃辣椒籽的时候，鸡嫩，辣椒鲜，就是做辣子炒鸡这道菜的最佳时机。鸡娃子，是新疆当地的方言，指的是还未成熟的小公鸡，也就是人们常说的童子鸡。判断童子鸡有两个标志：一个是看鸡距是否已长出，一个是看它是否已经开始打鸣。距，就是公鸡的后爪。童子鸡爪子上方、脚的后部只有一个小小的肉疙瘩；成熟的公鸡这个肉疙瘩会慢慢长长，这就是距，它是公鸡为了争夺配偶进化出的格斗利器。在前期调研阶段，我在农户家见过散养3年的土鸡，个头跟饲养半年的肉鸡差不多大，距却有一寸多长，比肉鸡的长一大截。养殖户说，这个爪子是骗不了人的，一看就是老土鸡。散养的土鸡长肉慢，体脂率低，肉质紧实，吃起来更香，售价也比肉鸡贵很多。沙湾因为卖大盘鸡的餐馆多，对土鸡的需求量大，养土鸡的农户也多。他们基本上是不喂食的，也不搭窝。土鸡们房前屋后溜达着，在草丛中捉小虫子吃。傍晚太阳快落山时，一只只飞到树上去睡觉，像鸟一样。打鸣，是公鸡性成熟的另一个标志。公鸡是一种好斗的动物，它通过打鸣来告诫其他的公鸡，不要到自己的领地来，否则就不客气了。公鸡还通过打鸣来引起母鸡的注意，提醒母鸡们，这儿有一个"美男子"，你们快来吧！如果仔细听的话，公鸡打的鸣有很多不同的含义，因此啼叫的方式也有很大区别。公鸡打鸣和鸡的雄激素有关，因此，阉鸡和母鸡是不会打鸣的。有科学家做过实验，如果给母鸡注射雄激素，母鸡也会开始打鸣。小公鸡性成熟的标志一旦出现，它就不再是童子鸡了。成熟的公鸡，受雄激素的影响，鸡肉纤维会变粗，吃起来口感不细嫩。

　　回到前面方老师"鸡娃子啄吃辣椒籽"的话题，这必须具备两个条件：其一，是养鸡的地方，周边得有辣椒田；其二，鸡还必须得散养。这两点在沙湾都具备。沙湾市安集海镇盛产辣椒，2002年被农业部授予"中国辣椒之乡"的荣誉；2016年农业部正式批准对"安集海辣椒"实施农产品地理标志登记保护。据方老师考证，安集海种植辣椒的历史可以追溯到清末。当年，左宗棠率军抗击沙俄，收复新疆时，曾命令部下湘军在安集海设立军台，屯田驻守。这一历史事件，在《沙湾县志》中有所记载。是湘军，把湖南人吃辣的习惯和辣椒的种植一起带到了当地。安集海并没有海，甚至连可以被称为"海子"的湖泊都没有。明代，安集海境内盛产药材，蒙古语称这里为"安济哈雅"，"安济"是"挖"的意思，"哈雅"是"药"。蒙古语的意思是，这里可以挖药。清代以后，地名在汉语中变音成"安集海"。安集海是农牧交错区，养鸡是当地百姓收入的来源之一。集中规模养殖是近几十年来的事，过去，家家养鸡，都是散养。童子鸡虽然肉质细嫩、味道鲜美，但毕竟个头小、肉量少，再说市场上也没有那么多童子鸡卖，所以，"鲜辣椒炒鸡娃子"这道菜，只能在家里自己做着吃，在餐馆可吃不上。餐馆做辣子炒鸡，只能用肉鸡。

　　20世纪80年代初，私营餐饮业率先试水城市经济改革。沙湾也冒出许多早点铺、小餐馆，炒饼、拌面是主打，辣子炒鸡当年可算得上是大菜了。那时候，餐馆一般用八寸盘，一只肉鸡可以卖三盘辣子炒鸡。后来，机缘巧合，有人无意中用盘条醒面的搪瓷大盘盛装辣子炒鸡，一下子卖火了，开启了一段美食传奇。这个人名叫李士林，是沙湾一位开餐馆的厨师。1987 年，他给这道菜起了个恰如其分的名字——大盘鸡。自此，这道新疆美食代表性菜品正式诞生。

大盘鸡，顾名思义，盛菜的盘子要大，一般是普通菜盘的两三倍，甚至更大。但那时，这道菜里只有鸡块和鲜辣椒，用李士林的话说，开始的时候，大盘鸡，其实就是大盘子装的辣子炒鸡。严格说来，那时候，大盘鸡并不是一道新菜品，只是一个新菜式。大盘鸡很幸运，它生逢其时，或者说，李士林很幸运，他首创大盘鸡的年代，正赶上改革开放初期，公路建设和公路运输大发展的时候。跑长途的大货车司机，早晨从乌鲁木齐出发，沿 312 国道一路向西，到沙湾刚好是午饭时间。三四个熟悉的司机凑一块儿，吃个大盘鸡，既美味，又实惠。司机们的口味偏好，带火了沙湾大盘鸡产业。在大盘鸡问世不久后，沙湾城区边缘，沿 312 国道不足一千米的街道旁，一下子冒出 48 家大盘鸡店，家家红火，店店兴旺。至今，这里仍被称为"大盘鸡一条街"。

再后来，大盘鸡里陆续出现了我们现在吃到的土豆和皮带面。第一个往大盘鸡里加土豆的人叫高传科，他是沙湾最早那 48 家开大盘鸡店的人之一。高传科可以说是厨房里的土豆专家，对各个品种土豆的特性了如指掌。我们拍摄了他到菜市场里买土豆的过程。四五种外观相差不大的土豆，各有什么特点，适合做什么菜，如何挑选，高传科说得头头是道、如数家珍。连卖土豆的菜贩都凑过来听他讲，抓住这个机会跟他学几手。高传科做土豆是有诀窍的。我在北京、乌鲁木齐、沙湾和新疆其他地方分别吃过不同餐馆、不同厨师做的大盘鸡，实事求是地说，高氏大盘鸡里的土豆是最好吃的。在高传科的餐馆里，有个很有趣的现象——大盘鸡上桌，最先被吃光的，往往是土豆。有人说，高传科善做土豆是有家传的，这我也调查过。高传科的岳父岳母，年轻时是远近闻名的乡间厨师，走村串乡帮人做"流水席"。一台"流水席"下来，岳母做的土豆丸子要用几大盆。老人说：做得多了，挤丸子的手都挤肿了。我问老人：那时候，您做一台"流水席"得用多少土豆？土豆能做很多种菜啊，土豆丝、土豆片……老人说：做席的人家都是有事呢，婚丧嫁娶，孩子满月，都是要请客的。那时候穷，但也要面子。一般土豆菜是上不了台面的，能上台面的只有两种——土豆丸子和拔丝土豆。我再问：您女儿女婿跟您学了不少做土豆菜的经验吧？老人笑笑说：他们都是到学校里学的专业的，比我手艺好。老人做的土豆丸子特别好吃。第一次吃到是前期调研的时候，我和方老师一起去的高传科店里。方老师说：真好！就是小时候吃的味道，可惜现在没多少人能做了。第二次吃到是拍摄那天，在老人家里。土豆蒸熟搅烂后，要掺入淀粉、面粉和生鸡蛋，掺入的比例很重要，特别是鸡蛋，加少了不香，加多了炸出的丸子里面空心，凉了会瘪掉。炸好的土豆丸子，金黄油亮，咬一口酥脆香甜。拍摄团队的小伙伴们嘴急，还没等拍完就吃掉了半盘子，害得我差点当场发火。高传科笑嘻嘻地来打圆场：不急，后面还多得很。加了土豆的大盘鸡，汤汁浓郁、滋味醇厚，人们恨不得连汤都一起吃掉。于是，大盘鸡里的皮带面就应运而生了。

2018年，大盘鸡入选中国烹饪协会评定的新疆十大经典名菜，正式成为新疆美食代表之一。平心而论，大盘鸡这道菜所用的食材都很普通，烹饪方法也并不复杂。就是这样一道特别家常的菜品，却在短短30多年的时间里，与时俱进，不断变革，终于跻身经典，红遍全国。是许许多多像李士林、高传科这样的普通人，为它付出心血，精益求精，让它的味道越变越美。

李士林老先生今年70岁了，我祝他健康长寿！

祝高传科生意兴隆！

也祝福所有为大盘鸡的发展做出过贡献的人们！

新疆滋味，是人类
在这片土地上生活留下的智慧

——《面面俱到》导演手记

陈　　红

　　《面面俱到》这集的名字一开始叫作《麦香千年》，它给了我一个主题的思维：围绕着麦子找美食。如果一开始从美食突破，新疆关于小麦的美食太多了，即使不去新疆，行走各地，都会发现新疆餐馆里摆着各种各样的馕，还有拉条子、烤包子、馓子、包尔萨克……但我总感觉这些面食，似乎在哪里见过类似的，或者说有很强的相似度。

　　我家地处中原，感觉馕很像我们小时候吃的锅贴，一个类似烤红薯的炉子里面烤制的长条形面饼，也洒满芝麻。馓子，每年老家过年的时候，农村的家家户户都要炸制。包尔萨克呢，又像家乡的焦叶。很多面食都能在我的老家找到影子，这是不是巧合？是不是迁徙或者历史原因造成的？

　　帕米尔高原的塔吉克族人将面粉尊为圣物，能给万物带来吉祥如意的祝福。塔吉克族人的祖先是否是几千年前从两河流域的新月沃土翻越葱岭来到这里？是不是他们最初带来了小麦或者大麦的种子播撒到整个新疆？前期调研的时候，很多专家支持这样的说法，可是没有足够的证据可以考证。但这一沿线的人们至今仍有许多面食制作的相似之处。比如薄馕：塔吉克族人保留着用青石板制作薄馕的习俗，这种薄馕在伊朗、伊拉克、埃及、印度中北部、巴基斯坦至今依然是主食，再到新疆的柯尔克孜族人聚集区、阿克苏地区的柯坪县，甚至到中原人食用的烙馍，与薄馕的长相都很相似，食用方法也相似。草蛇灰线的感觉，我想象着如果这样拍摄下去，即使没有足够的历史证据，似乎也能说明人类在新疆的融合融入过程。那其他的面食呢，也能找到同样的草蛇灰线吗？这需要大量的时间去调研和考证，但是制作周期和资金并不具备这样的条件。

　　然后，我将视线转向具体的美食，但仍然没有放弃美食的根源——小麦。新疆一定有好的小麦，才有这些闻名遐迩的面食。天山北麓的奇台市进入我们视线，4000多年前，这里就有小麦种植了。奇台的小麦蛋白质、氨基酸、面筋质含量和延伸度居于全国之首。在奇台，小麦生长周期最长可达300天，昼夜温差15摄氏度以上，全年光照时间3000个小时，天山北麓雨水充沛，这些天然的因素造就了奇台小麦蛋白质含量高的特点。

　　那奇台有啥面食？在新疆，虽然每个地方的人都认为自己的拉条子是最好吃的，但拉条子的根在奇台这一说法毋庸置疑。找到李刚并不费劲，行内行外的人都知道他，我们的司机师傅是奇台的女婿，拍摄的时候说：啊，是他啊，我每次来奇台必须来这里吃几次，他们家拉条子真的好。李刚，沉稳精明，话少。初次调研的时候就把他和儿子之间的这个故事聊了出来，父子俩性格不同，一定有冲突，不敢多聊，拍板，拍摄。最后做后期的时候，总导演徐老师说：你看，这个人的眼神真好啊，专注啊。李刚就是这样一个专注的人。人物的故事能承载起美食和小麦的厚重，事半功倍吧。

　　东天山北麓从哈密的巴里坤县到昌吉州各市县，是面食的聚集地，馓子、风干馍馍、空心挂面、馕、蒸饼……但这些面食在疆外似乎都能找到相同和类似的品类。巴里坤有蒸饼，甘肃的永登、苦水也有；木垒有空心挂面，甘肃、陕西、山西、河南也有。但是，巴里坤的蒸饼有什么不同呢？最后归结为四个字：因地制宜——因为地理、物产、手法等因素，巴里坤的蒸饼是巴里坤的味道。在上个世纪，巴里坤人多数采集田间地头生长的植物作为蒸饼的颜料，都是随手可得的原料——香叶子、锦鸡花、胡麻、百合，甚至南瓜花等有颜色的花研磨成不同颜料，这就是巴里坤的味道。很多人搬到城里了，田间地头的植物也日渐稀少了，原料变得不容易获取了。赵瑞英家却一直沿袭这个传统来制作蒸饼，随着市场经济发展，即使很多颜料都能在市场上买到了，但赵瑞英仍会选择其中一种小花来制作蒸饼，那是独特的家的味道。

天山北麓的各个县市在历史上都是军事重镇，游牧民族和农耕民族也因为几千年的融合不断交换饮食文化。小麦对于游牧民族而言，补充了人体所需的维生素 B 族，融合了他们单一的饮食结构。游牧民族经常在亚欧大陆内部来回迁徙，他们能够将自己接触到的技术、发明等传播到遥远的地方。四千多年前或者更晚的时间，小麦从西亚经过草原地带传入中原地区，可以说，草原人民的流动性生活将小麦传输到了中国。2000 多年前，这里的游牧民族的城池附近就已经有小麦种植了。但是，游牧民族如何使用小麦？炒小麦和塔巴馕进入了我的视野，相比中原人驾驭美食的技术来说，这两种烹饪方式都略显简单。

炒小麦的拍摄只用一天就完成，这是一个偶遇。哈萨克族喜欢喝奶茶，一天三顿都喜欢吃炒小麦。但是现在很多年轻人已经做不来这种美食了，我对他们做炒小麦的工具很感兴趣，无论是簸箕还是杵，都像是一棵树挖空制作而成，原始而实用。字面意义的炒小麦就是真的炒一下而已，简单至极，但第二种炒小麦的办法，就已经能很好地解读草原文明和农耕文明的结合：放入两大片羊尾油，将炒熟的小麦捣碎成粉末。这种食材的组合看起来很奇怪，摄制组的成员都担心会有羊肉的膻味，或者过于油腻，始终不敢尝试。最后，我小心地捏出一小嘬放在嘴里，香味十足，也不油腻，泡入奶茶中，混合了奶、麦、肉的香气，非常好喝。我有时候在想，这种风味真的不知道经过几千年的融合才能得到，这应该就是时光的味道。

塔巴馕的故事，源自网络上一个真实新闻：一个汉族小伙陈阳利用网络，帮助哈萨克族米热阿姆古丽一家销售塔巴馕，增加了这个家庭的收入。这是一个平常的故事，但塔巴馕并不寻常。很多人应该不知道塔巴馕，尤其"塔巴"两个字的意思。"塔巴"是哈萨克语，指无把手的平底锅。对于游牧民族而言，一切生产生活工具都要具备便携和方便就地取材的特点，塔巴携带起来方便。而牛粪呢，草原上到处都是，这种烹饪方式既环保又便捷。做一次塔巴馕可以满足一个家庭一周左右的面食需求。

我认为塔巴馕和炒小麦，都是游牧民族在对小麦使用过程中产生的智慧。之前，米热阿姆古丽的塔巴馕没有掺过一滴水，陈阳提出了加入适量水和面的建议，改进后的塔巴馕寄到全国各地，半个月左右都能保持新鲜。一个小小的变化，也是适应网络时代的变通和融合吧。

题外一句，塔巴馕故事的发生地点，是亚欧大陆的中心所在地，托里县。想一想，几千年里，人们在欧亚大陆活动的轨迹，来来往往，反复叠加，才滋生了美味产生的沃土吧。不同的地理地貌，影响了不同地域的美食风俗习惯，哪怕只是一条小河，都可以让河两岸的风味不同，何况天山呢。

天山以南对面食的烹饪方式大不同于天山北麓。

沙漠烤馕，在很多旅行攻略里是去和田地区必须打卡的美食。沙漠烤馕的缘起也是沙漠居民的智慧产生的。在沙漠中放牧的牧民出门的时候怀揣一片生面团出发，休息的时候捡拾附近胡杨林的木头烧一壶奶茶，木头燃烧后，将面团放入炭火烧汤的沙子中，就能吃上热乎暄软的馕。乃至后来可以将羊肉等各种美食放入热沙中，就能吃上新鲜的食物了。所以因地制宜的智慧，是人们充分认识所生活环境的特点而揣摩出来的，或许是一个偶然的发现，或许经历了很久的实验，最后形成了地方特色的美食。

库车的烤馕让人叹为观止，薄且大。当航拍机拍摄库车近天山附近的地貌时，我有时候感叹，美食和地貌的样子能这样无比的接近：边缘有山，是库车馕的边，中间平坦有河流和沟壑，是库车馕的中间部分，就连色彩都无限接近，这是一种神奇的吻合。一开始通过网络找到"馕王"热西提的时候，对于能不能发现可以承载库车馕美食的故事，我并没有抱很大希望，因为我感觉他肯定更像纯粹的商人。辗转见到热西提本人的时候，由于语言不通，虽然聊了很多问题，但没什么出彩的地方。我就问他，您觉得您现在打的馕是您心目中最好吃的馕吗？他连连摆手，说最好吃的馕是他父亲用全麦面粉打的，那个最甜最香。听到这个答案我很兴奋，然后又问，那您想打出那样的馕吗？他热切点头，我看到了他眼里闪烁的光芒。随后他告诉我寻找面粉的几段经历，我想足以打动我了。这是一个执着的人，他把所有的热爱都投入到这份事业中了。

我喜欢故事的人物都有特殊的精神特质。然而后期制作出来，由于各种原因，并没有达到满意的程度，使得这个故事的观感差了很多，这是最大的遗憾。

当然还有很多遗憾。

木垒的空心挂面的故事已经完成后期，最后被拿掉了，因为这种美食的新疆特色不足。空心挂面在全国各地都有，制作工序基本差不多，一开始我为什么要选呢？因为红星小麦。这种小麦从20世纪70年代引入木垒，更早前在新疆其他地方试点种植，但这种小麦是从哪里来的，就连当时参与给公社领种子的干部也说不清楚。渐渐的，更多新的小麦品种代替了红星小麦，但在木垒，红星小麦一直种植在现在。木垒干旱，小麦完全靠天生长。初次见到红星小麦，我感觉走错地方了，龟裂的地面上，小麦稀疏的像杂草一样无序。主人公说，收成好不好，完全要看天意了，雨量不够不行，该下雨不下不行，不该下雨下了也不行。可这种小麦的筋度特别强，做空心挂面最适合不过了。我带回家一把挂面给家人尝一下，老人说，真的好吃，滑、顺、韧，为啥不多带点？可是关于红星小麦还是很多问题没有说清楚，即使好吃也还是要舍弃。在此，要向两位主人公致歉了。

　　还有一个遗憾，是无能为力的一种感觉，我一直想拍摄油塔子，外形像塔状的花卷，如果是大师傅做的，油塔子可以提起来十几厘米。师傅都找到了，但却没有完成拍摄。第一位师傅在奇台，我们找到他的时候，因为年龄太大，准备让儿子来完成，但儿子平时做生意，很少操作，再加上拍摄环境的温度影响了面的发酵，导致没有做成功。这就是李刚担心的问题，很多有手艺的大师傅面临后继无人的状态。第二位师傅在乌鲁木齐，是位女面点师，她做的油塔子是所在饭店的绝活，她本人经历颇为丰富，对面的理解和油塔子的制作过程非常有见地，表达能力很好，很多制作环节的理论逻辑都很通透。遗憾的是，等到我们可以去拍摄的时候，她辞职到外地工作了。

　　还有很多很多想法，都因为各种原因未能实现。

　　一路走来，我最感谢的是总导演徐小卉老师。调研阶段，每一个选题都和我们反复探讨和追根究底。有时候我都怀疑她不是60多岁的人，思维敏捷、逻辑缜密。后期制作阶段，我快被她逼"疯"了，挑镜头、挑逻辑、挑剪辑、挑重点，每天都会被电话轰炸，有时候会感觉进行不下去了。但很庆幸，我坚持到了最后。看完她制作的《秀色可餐》那集，我很快看到了差距。我相信自己还有进步的空间。这是真正的老师！感谢您！

　　新疆滋味，是人类在这片土地上生活留下的智慧，经历了时光的打磨，风味独特，意犹未尽。

新疆滋味就是爱的滋味

——《有米之炊》导演手记

李 晓 东

　　很多年里，我都认为，拌面和抓饭是新疆食物的主要构成。在漫长的公路旅途，每一个驿站，都有一个令人想念的饭馆，反正不是拌面，就是抓饭，那滋味和满足感牵引着我们，奔向下一段旅途。其实，新疆有很多独有的美食，因为离开新疆就再也吃不到，所以被埋在了记忆的角落里。

　　南疆的县城，每天清晨，总能看到一些大娘，坐在马路边，面前摆着一个篮子，用白布盖着。篮子旁摆着一个大花碗作为样品，碗里是蛋羹一样凝固的酸奶，这样的碗，篮子里也就是十个八个。酸奶表层有一层厚厚的奶皮，有时泛着粉红色，因为天气干燥而发皱，但奶皮下的酸奶，几乎是固体，洁白、莹润、微微颤动着。那种酸奶非常酸，必须撒上白砂糖才能吃下去。我在牧民家里吃的酸奶，是兑凉水的，夏日里酸酸凉凉的一大碗，瞬间全身暑气尽消。离开新疆，就再也没见过那样的酸奶了。

　　但我对新疆酸奶的认知还是太浅。开选题会的时候，美食达人魏老师从伊犁的特克斯县背来一罐酸奶，名叫"苏兹麦"。他充满同情地对我们说："你们根本不知道什么叫好的酸奶，你们吃的都是添加剂和增稠剂。”由于旅途遥远，那一罐苏兹麦又发酵了，我无法形容苏兹麦入口的感觉，是浓得化不开的惊讶。我以为，苏兹麦，应该是无法实现的梦想了。但是不久便狭路相逢。

和田，深度探访了很多次，深入昆仑山的村庄，深入沙漠，深入普通民居，我知道哪个县城的哪个街角有一家好吃的拌面，连宾馆的服务员都很熟。我自诩了解和田，但却从来没有吃过粽子。因此，当人们说起和田粽子的时候，我一脸茫然。普通糯米做的白粽子，没有馅儿，码在路边摊的玻璃柜里，或者夜市的售卖车上，其貌不扬，我从未关注过，当地的朋友也觉得，这种小吃不足以代表和田，所以居然从来没有推介给我。这要感谢选题，我这集的内容是米，所以到处搜罗和米有关的食物。选择拍摄和田粽子，是因为它让人联想，粽子是怎么到和田的呢？

到了现场，先尝一个——哇，所有人都开始尖叫。这才明白，围着摊位那些孩子们充满渴望的眼神和大人们满足的笑容，这种甜食简直就是快乐素。白粽子压扁，先抹上一层厚厚的酸奶——不是普通的酸奶，而是苏兹麦。我以为只在伊犁有苏兹麦，没想到在这里和苏兹麦重逢——酸奶的味道，奶油的口感。苏兹麦是怎么来的呢？这里的做法是把新鲜的酸奶倒进纱布口袋，等几个小时水分滤掉，就做成了。粽子抹上苏兹麦，浇上整颗无花果的果酱、榅桲果酱，最后淋上糖稀。糖稀是用玉米饴和白砂糖熬成焦糖色，红亮透明的黏稠液体，果酱是当地农民用自家果园的无花果和榅桲加砂糖和蜂蜜熬制的，这些并不昂贵的配料，但离开了南疆，再难寻觅。我觉得，只有苏兹麦和糖稀，和田粽子就已经足够甜美。

米热古丽被人称为“粽子西施”，她妈妈的爷爷跟一个回族朋友学会了做粽子，传到她这里已经是第4代了。全国各地各种粽子中，西安的凉粽子和这里的吃法最接近，不过，风味独特的果酱只有和田才能有了。米热古丽一家人每天制作1000个粽子，旺季2000个，端午节5000个。一个粽子卖3

块钱，辛勤的劳作变成了甜美的生活。

回家后，我买来没馅儿的粽子，又买来新疆的酸奶滤去水分充当苏兹麦，尝试搭配果酱和麦芽糖或者蜂蜜，却总不是那个味儿。还是去和田吧，墨玉县布拉克夜市，我见过的最美夜市。

在牧民家吃水煮羊肉，大块羊肉的旁边经常会摆一些黄油颜色的块状食物，一开始我以为是肉汤中煮的土豆块，后来才知道叫面肺子。它是把羊肺冲洗干净，用洗出面筋的面浆灌制而成。牧民家的面肺子就是清清淡淡的，和羊肉一起煮，一起吃，调料只用盐。这样的吃法真是聪明，既充分利用了食材，又补充了肉的不足——新疆人喜欢吃羊羔，一个羊娃子没有多少肉，而一个面肺子足足能有一大盘。对老人和孩子而言，面肺子既解馋，又不用担心消化不良。城里的夜市上卖羊杂，也会把面肺子和羊杂一起凉拌，浇上辣子醋，很醒胃。餐馆里会把面肺子爆炒，配上青红椒，好吃又好看。

调研得知，面肺子是伊犁人的发明，于是，选择到伊犁拍面肺子。最初看中这一家"蓝墙面肺子"，完全是因为它的店面看起来太美了。我的文科生思维方式也是无敌了。但后来事实证明，这一家的面肺子确实是最好吃的。我吃过库尔勒、乌鲁木齐、喀什、吐鲁番的面肺子，可以坚定地说，之前并不认为面肺子是美味，而拍完之后，面肺子成了会让我牵肠挂肚的食物。伊犁面肺子的吃法与新疆其他地方不同，基本上是一碗带面肺子的羊杂汤，里面有米肠子，还有羊心、羊肚，汤汁鲜美，令人牵挂。人们无法考证面肺子最初的出处，但是，在伊犁长大的作家张惜妍说，发明面肺子的一定是一位心灵手巧的主妇，她在资源匮乏的年代，给孩子们留下美好的记忆。我深以为然。在宁夏，人们吃羊杂汤的时候，里面也有面肺子，但是在那里，面肺子是配角。在伊犁，面肺子直接成了这种食物的名字。面肺子占一半，还有一半是米肠子，再搭配少量羊杂。和宁夏不同的是，面肺子、米肠子是主角，羊杂在这里可以自选，是配角。和张惜妍的缘分也很巧，做案头调研时看过她写面肺子的文章，按图索骥就去找了蓝墙面肺子。到了伊犁，也没想过去找她。快拍完时，主人公阿扎提要搞一次聚会。摄影师在屋里拍摄，我在外面看监视器，突然屏幕上出现了一位气质颜值都很醒目的女士，我的脑子里突然就蹦出了张惜妍的名字。果然，她就是张惜妍，缘分就是这么奇妙。后来，就有了片子中的一段故事。拍纪录片最愉快的经历，就是认识很多新的朋友。

据说，希腊神话中的金苹果说的就是榅桲。榅桲原产西亚，很早就在欧洲广泛栽培。蔷薇科的榅桲花有点像我最爱的海棠花，在4月盛放，异常美丽。榅桲果在9月会挂满枝头，金黄的一树，有的形状像苹果，有的形状像梨，但是仔细一看又都不像。即使是新疆人，也不是都知道榅桲的，在南疆最大的县城莎车，人们把榅桲叫作木瓜，维吾尔语叫作"比叶"。榅桲果肉很硬，生吃并不好吃。当地人会做成榅桲糖水——我猜很像冰糖雪梨，还有烤榅桲、榅桲果酱。榅桲止咳化痰，小孩子感冒，大人就会给他吃一个烤榅桲。

榅桲更常见的做法是做抓饭，抓饭里的榅桲酸酸甜甜，解油腻助消化。在南疆，如果没吃过榅桲抓饭，那就不叫懂抓饭。榅桲带有一点点酸，西餐中会用它搭配烤肉，和榅桲抓饭异曲同工。为了拍摄，我们自己熬制了一小锅榅桲果酱，熬了几个小时，本来白色的果肉，在糖和高温的作用下慢慢变成了鲜艳的红色。做功课时我查过榅桲制品，欧洲出产的榅桲果酱比常见的苹果酱、蓝莓酱都要贵出很多，估计也是因为产量很低。榅桲树曾经只生长在庭院里，由于不像苹果、梨、桃一样有那么大的需求，基本没有商品化，只有到南疆才能有幸吃到。近些年，莎车县开始有了榅桲果园，我们选的主人公就是榅桲合作社的带头人，秋收季节，他家的院子飘荡着榅桲香甜的味道，引来无数蜜蜂。

南疆人都爱吃恰玛古（内地叫芜青），最常见的是家里煮羊肉的时候，都会放一些切成大块的恰玛古。在喀什地区，我还吃过恰玛古拌面。然而大部分时候，餐厅的人都会说，没有恰玛古。我们到柯坪去调研，想找一道用恰玛古做的大菜，却怎么也找不到，明明盛产恰玛古，大小餐馆却都没有恰玛古，这可真是奇怪。问为什么，当地人也回答不上来。

走在街上，刚巧看到一家人在拣选刚刚收获的恰玛古，我们过去询问哪里有做恰玛古的餐厅，那家的女孩说：你们可以去我家，让我妈妈给你们做。女孩的父母开了一家早餐店，卖包子，但是店里从来不卖恰玛古，理由是，恰玛古只有冬天有，到春天就没了，所以不做。我们厚着脸皮去了她的家。女孩名叫穆尼热，在乌鲁木齐上完大学后在阿克苏开了一间小服装店，这次正好回家帮忙收恰玛古。她的妈妈做了素的恰玛古饺子、恰玛古炖羊肉，还有恰玛古粥，鲜美无比。大米、羊肉丁、恰玛古丁、胡萝卜丁一起熬成咸粥，我还偷学了一个小妙招，临出锅时，加一碗西红柿丁，提鲜。穆尼热的妈妈心灵手巧，她告诉我们，有一年她的妈妈得了肺病，回家喝了一个冬天的羊肉恰玛古汤，到了春天，就好了。当然，痊愈一定不只是恰玛古的功劳，但是，当地确实有很多百岁老人，他们没有别的美食，只有恰玛古，所以恰玛古被称为"长寿果"。

我们拍摄的另一位主人公希日甫，拥有一个欢乐的大家庭，他的爷爷108岁了，爸爸也70多岁了，他有4个孩子，分别在县城和阿恰勒镇上学。收恰玛古的日子，全家老小齐上阵，就像一个盛大的节日。他家的恰玛古粥要豪放一些，大块羊肉、大块恰玛古，就够了。阿恰勒镇的村庄与众不同，新疆人喜欢种树，大部分民居都会被白杨树、桑树、葡萄架、果树环绕，但是在这里，院子里长的是野生的胡杨。希日甫家有几棵枣树和桃树，他说，盐碱太重，果树都活不了太长时间。我总在想，在这个树都很难种活，只有恰玛古的地方，长寿，到底是恰玛古的功劳，还是知足常乐的结果呢？

新疆的恰玛古，柯坪最佳；柯坪人却认为，只有阿恰勒和周边两个乡镇是恰玛古的核心产地；而阿恰勒镇的恰玛古，又是其中最优者。懂行的人才能吃出区别。有科学家在柯坪做过实验，恰玛古是植物中含有机生物碱最多的，是一种强碱性食物，因此也有一些企业投入开发恰玛古产品，只不过要想为大众所认知，还需要时间。我买了很多恰玛古寄回家送给朋友，尝过的人都说好吃。为什么内地很少有人种植呢？也许，就像新疆的葡萄和内地的葡萄几乎是两种水果一样，新疆的恰玛古和内地的芜菁也完全不可比吧？

抓饭是我的最爱之一。

在农村拍纪录片，和农民一起放羊、种地，一日三餐大部分是馕和茶，它们把肠胃洗得干干净净。农村用柴做饭，也没通自来水，所以做一顿饭很费时，且农忙时根本没时间做。有一天突然有一家有喜事，全村人都盛装出席，我们也借机饱餐一顿。宴请客人的食物永远是——抓饭。

在这里，很多人家里都有一口大概直径一米或者更大口径的大锅，有时家里的锅不够大，就会就地垒灶，支一口更大的锅。用这口锅做出的抓饭足够全村的人吃大半天的流水席。抓饭非常适合请客，因为它不需要太复杂的材料，也不需要一个菜一个菜地炒。专门做抓饭的匠人守在大锅旁，把盛抓饭的大搪瓷盘一份一份装得均匀，上面再摆上肉。席间，客人们围坐在地毯上，相邻的两个人共享一份，如果吃不完，可以带回家。在这里，食物决不会浪费，也决不允许浪费。

这里的人们把抓饭叫作"团聚饭"。新疆人都认为，农村婚礼上的大锅抓饭最好吃，但是婚礼抓饭可遇而不可求。我们到处寻找大锅抓饭，约定好了几家都没做成，因为除了要有匠人，还要有足够多的人来吃，而农忙季节，鲜有庆典，连吃饭的人都很难找。只好作罢，留个念想吧。

新疆路途遥远，驿站的感觉非常强烈，当你开车走累了，走饿了，就会有一个吃饭的地方。在曾经的国道边，有一家抓饭店叫小杨抓饭，我每次路过都必去吃一碗。油亮的抓饭，上面放着一大块羊肉，还带一碗煮羊肉的清汤，飘着几片嫩绿的小葱，肉块大，分量足，特别给人满足感。后来，村镇集市都被高速公路"甩掉"了，那些土生土长的公路美食，就再也找不到了，同时消失的，还有那张扬的"混不吝"的江湖味道。

　　抓饭的味道其实很简单，油亮的米饭是咸的，带着一丝胡萝卜的甜，再配上原汁原味的手抓肉，满足感太强了。一般的路边馆子会有一大碗浓浓的砖茶，加上大块冰糖，为行人解渴，再免费赠送一碟爽口小菜，加肉需要花钱，米饭管够。没吃过的人可能不以为然，只有吃过的人才知道，大米、胡萝卜和羊肉是天造地设的绝配。在很容易饥饿、很容易因为干燥和炎热而疲劳的时候，抓饭真的是十全大补饭。都市里很多餐馆的抓饭很好吃，但是太过精致，总是觉得没有记忆中的抓饭令人想念。

　　在纪录片《丑陋的美食》（*Ugly Delicious*）中，有一句话："当地的人和气息，这一切造就了味道。"我愿意用这句话来总结历时 3 年的拍摄，因为，每每回忆起那些食物，就会回忆起那个地方和那个地方的人，回忆起那些温暖的点点滴滴。就像陈晓卿老师说的，"最好吃的是'人'"。

　　我的朋友张惜妍说，"新疆滋味就是爱的滋味"。感谢我的同伴，感谢那些慷慨分享喜怒哀乐的拍摄对象，感谢那些无私帮助我们的旅途中的朋友，感谢这一段生命的旅程。

了解新疆的最好方式，
是从品尝那里的美食开始

——《鱼羊为鲜》导演手记

方　放

我作为导演所负责的这一集，最初并不叫《鱼羊为鲜》，而是叫《何以为膳》。其内容与肉食相关，但不包括鱼，因为当时还有一集叫《水冷鱼鲜》，专门讲新疆的鱼。《何以为膳》主要涉及羊肉、牛肉和鸡肉。讲鸡肉，绕不开新疆大盘鸡。于是，我和制片阿布一起，去大盘鸡的发祥地——沙湾进行了两次调研。调研后我发现，其内容之丰富、精彩，足以另立一集，便向制片人库尔班江和总导演徐小卉提出建议。他们采纳了，才有了现在的《大盘小膳》这一集。

纪录片《新疆滋味》计划制作 6 集，因为多了个《大盘小膳》，《水冷鱼鲜》就被忍痛拿掉。不过，新疆关于鱼的美食的确也少，撑出一集略感勉强，干脆把鱼的内容并入《何以为膳》，且改称作《鱼羊之鲜》。之后又考虑到李晓东导演负责的那集名叫《有米之炊》，名称中也有个"之"字，总导演徐小卉就把我这集再改叫《鱼羊为鲜》。最终定了这个名字。而新立的《大盘小膳》交予张雁北导演负责，他后来又去了沙湾及新疆其他地方进行了更加详尽的调研，为那一集打下了坚实的基础。

而我则继续负责由《何以为膳》改成的《鱼羊为鲜》，直到最后完成。这里特别要感谢沈鹏飞导演，他曾经负责《水冷鱼鲜》那一集，并做了相关调研。《鱼羊为鲜》最后那个烤鱼的故事，就是沈导通过调研获得的题材。但愿我的讲述没让他失望。

不想说"为这部纪录片效力是我的荣幸"这类客套话，但我真的很愿意跟大家讲，这恐怕是我职业生涯中最幸福的一次工作经历，因为我酷爱吃肉。在调研期间，我跟阿布两个"肉食动物"，一路名正言顺地大块朵颐，实在过瘾！

本集的内容，都是痛痛快快吃出来的。

为了有备无患，我们调研（吃）的内容量（肉），必须超过一集能装下的程度。所以，被品尝的美食，有一些最终未能选入片中。现在要写导演手记，正好可以把一些没用上的内容讲出来。很多美味总算没白吃，调研经费也算没白花。

精河有个叫"肉饼子"的美味较为出名。这个肉饼子并非当地的独创，阿布跟我说，他们维吾尔族有一种家常食品，叫"果西馕"。"果西"即肉的意思，"果西馕"可以理解为"有肉馅儿的馕"，其实就是肉饼子。新疆各地肉饼子的做法略有不同，但馅儿一般都是牛肉，还要加一些羊尾油。普通人家做肉饼子是煎，餐馆里则是炸。

精河最有名的肉饼子店有两家，我们首先去的那家叫"奔跑的肉饼子"。"80后"的赵光露既是老板又是厨师。他早些年开"农家乐"，跟维吾尔族厨师学会了做肉饼子。他还送过外卖，背着肉饼子大街小巷地跑，后来就给自己的餐馆取了现在这个充满动感的名字。赵大厨是汉族人，他做的肉饼子依然保持着清真的特色，不过吃起来缺少一点牛羊肉的风味。他告诉我们，他的顾客有不少是来自中国南方的游客，大多数人不习惯吃牛羊肉。为此，他特意研制了一种馅料，掩盖了牛羊肉特有的味道。当然，配方秘而不宣，赵光露只透露一点，那里面包含枸杞粉。枸杞是精河的特产，可以就地取材。另一家出名的肉饼子店叫"艾合买提肉饼子王"，开在312国道和高速公路交界的地方，已经有十多年历史了。他们家的店一直被大货车司机们热捧，这一点就像霍城芦草沟的炒羊杂和沙湾的大盘鸡。最初店里什么都做，因为肉饼子尤其受司机们欢迎，后来就主打肉饼子。艾合买提家的肉饼子牛肉味儿很足，味道很清真。我觉得最大的优点是不油腻，这点对油炸食品来讲是很不容易做到的。女主人并不保留他们的诀窍，她跟我们说，饼的两面各炸30秒就出锅，这么短时间，油来不及渗入面皮，所以不油腻；因为肉馅儿切的特别碎，面皮儿也薄，一分钟足以炸透、炸熟。相比来说，我跟阿布更喜欢这家的肉饼子。

摄制组后来去精河拍了肉饼子，两家都没落下。遗憾的是，限于一集的时长，没能编进正片里。本集现在的内容只涉及羊肉和鱼肉，因为没讲牛肉馅儿的肉饼子，叫《鱼羊为鲜》反倒是更贴切了。

还有一个拍了没用上的是乌鲁木齐市的手抓肉。没用的主要原因，是已经拍了更好的柯尔克孜族手抓肉。手抓肉这种美味，必须现宰现煮。因此，在草原上吃到的才最地道。到了城里，不具备保鲜的条件，总觉得缺少点儿什么。李敏家的餐馆开在乌鲁木齐市区，以做手抓肉为特色。这门手艺始于他的曾祖父，那时候都是自家养羊，也能做到现宰现煮。这种经营方式一直传到他的父辈时发生了变化。李敏的父亲说，有一天他突然开始重复地做同样的梦，梦境中，有一群羊紧紧围绕在他的枕边，咩咩哀叫。后来，父亲就把宰杀的工作交给了肉铺，自己只负责煮。现在，为李敏提供羊肉的是他的发小外力江。外力江的肉铺就开在李敏家餐馆的斜对门，隔一条街。凌晨6点之前，驱车赶到乌鲁木齐市郊区，是外力江每天工作的开始。为遵守环保的规定，如今的屠宰场全部搬离了市区，外力江需要经历约半小时的车程，才能抵达那里。屠宰场严格按照肉铺老板们的预定，定量宰杀。羊肉不进冰柜，宰好了就被直接拉走。剩下的活羊，养在屠宰场后院的羊圈里。可想而知，屠夫们一天的工作，比外力江开始得更早。当外力江把羊肉交到李敏手里时，差不多已是上午7点多钟。李敏立刻开始对羊肉进行处理，切分、清洗、下锅。羊肉下锅的那一刻，一般不会晚于9点钟。从宰杀到下锅，不超过4小时。在这4小时内，所有人的辛劳，都是为了两个字：新鲜。

直到《鱼羊为鲜》开机之际，本集已经调研到了大量的内容，唯独缺少烤肉的题材。关于新疆的肉类佳肴，"烤"是不可或缺的。2019年7月初，本集在新疆的第一次拍摄顺利完成。摄制组就地解散，留下我跟阿布继续寻找"烤肉"的故事。

在喀什，我领略了一道叫"馕坑贴肉"的古老制法。馕坑贴肉，顾名思义，肉要贴在馕坑内壁上，像烤馕、烤包子那样，而不是现在常见的挂在铁架子上烤。挂架子上的，叫馕坑烤肉，有一字之差。馕坑贴肉是用馕坑进行烤肉的最原始方式，用铁架子烤是后来的发明。

每一块待烤的羊肉约半斤重，肉块放进洋葱盐水里泡十几分钟，然后拌上调料。大厨将肉块往馕坑内贴的一瞬间，能听到"滋"的一声，蛋白质因受热而立刻凝固，肉就粘在馕坑内壁上了。贴肉的时候，大厨的手掌跟馕坑内壁非常接近，如果手不小心碰到内壁，肯定也能听到"滋"的一声。所以，馕坑贴肉是一种非常危险的烹制方式。有的肉块上还带有骨头，带骨的肉烤出来更香。骨头增加了负重，也加大了贴肉的难度。每完成一次贴肉的动作，时间通常不超过两秒。必须先看好位置，动作果断、准确、到位，用力要均匀、适中。如果没贴上，肉块掉落了，对大厨来讲，是一件非常丢脸的事情。操作的时候，大厨整个肩膀几乎都伸进了馕坑，手臂上的汗毛经常被高温燎焦。

后来，我们又去了和田，吃到了著名的和田烤包子。我们的制片人库尔班江是和田人，烤包子是他津津乐道的家乡美食。为啥要调研烤包子？因为馅儿是肉的呀，并没有跑题。在烤包子店的每一张餐桌上，都放着一把锉子，就是那种修轮胎、粘鞋底要用到的专门打磨橡胶的锉子。作为修理工具的锉子，在这里变成了餐具。烤包子贴着馕坑的那一面会残留一些坚硬的盐渍，必须锉干净，以免硌牙。这就是锉子的作用。刚出炉的烤包子跟刚蒸熟的大闸蟹很像。吃法也像，都是上下瓣开硬壳。在和田，吃烤包子要先吃肉馅儿，再吃包子皮儿。

喀什的馕坑贴肉和和田的烤包子，都是仅仅做了调研，最终没有去拍摄。那次在和田调研的最大收获不是烤包子，而是找到了可以纳入《鱼羊为鲜》这一集的题材——馕坑烤全羊，成功完成了寻找"烤肉"的任务。可是，我们高兴得太早了。就在摄制组计划前往拍摄的时候，新疆的新冠肺炎疫情日趋严重，摄制组最终无法进入和田地区。

当时正在新疆拍摄的库尔班江，只好帮我们在乌鲁木齐寻找会做馕坑烤全羊的餐馆。后来，家住乌鲁木齐的摄影师伊利亚向库尔班江提供了线索，最终找到了大厨阿布（跟我们的阿布同名）。阿布是在和田学会的烤全羊，他的烤法跟和田的几乎一致。这样，就把馕坑烤全羊的故事从和田搬到了乌鲁木齐。还是因为受疫情的影响，拍摄的过程较为仓促。不过，现在看来，剪辑出来的效果还过得去。关于馕坑烤全羊的内容，基本上就是现在片中所呈现的那样。

在完成制作《鱼羊为鲜》这项美差之后，有关新疆菜肴的认知，我也经历了一次重置。我发现，自己对新疆美食有过或多或少的误解。

首先是馕坑。"馕坑"这个汉语词汇的字面含义，曾让我误以为它就是专门用于烤馕的灶具。在维语中，"馕坑"这个词其实是无法拆分的。它是一个独立的词汇，并非偏正词组。或者说，它不是"馕"和"坑"这两个字简单的组合。实际上，馕坑的确不只是用来烤馕的，它几乎可以烤制任何适于烤制的食品。维语"馕坑"的发音，跟波斯语的"烤箱"极为接近。所以，完全能这么理解——馕坑：维吾尔族人的烤箱。只要馕坑足够大，能放得下，什么都可以置入其中进行烤制，绝不仅限于馕这一种食品。

对于馕坑，我还有过两个"千古难题"：一是馕坑总是要先加热到一个高温，再洒水降回到一个特定的低温。直接加热到需要的那个低温不行吗？为什么要先加热到高温，再降回去呢？二是对馕坑进行降温时所撒的水，为什么是盐水而不是淡水？

第一个问题，在《鱼羊为鲜》里有所解答。第二个问题其实更难，我想保留一点神秘感，有机会再告诉大家。这两个问题的答案，是在拍摄阿布的前一天，他告诉我的，让我恍然大悟。那天，我跟他第一次见面，并进行了长谈。他惊叹于我竟然问出那么多刁钻的问题，有些问题，连他自己都不曾仔细思考过。在他的职业生涯中，从来没有人像我这样关注过他的手艺和绝技，并且关注得那么仔细。因为我的那些问题，他仿佛感觉到自己内心深处的寂寞。

馕坑和阿布说完了，说回"误解"。

一个对新疆美食的误解，恐怕很多人跟我一样都有——凭着在北京或其他内地新疆餐厅用餐的经验，以为新疆菜品普遍口味浓烈、爱放孜然和辣椒粉。等来到新疆乌恰县，在牧民家里享用了手抓羊肉，以及在尉犁塔里木河畔品尝过烤鱼之后，我才知道，即使像手抓肉和烤鱼这样非常荤腥的食材，仅仅是撒了一次盐，也可以做到那么鲜美！在拍摄的那段时间，我甚至一度忘记了辣椒粉和孜然的味道。可以非常负责任地讲，在新疆，包括烤肉在内的各种菜品，放入孜然的量非常轻微，有的甚至完全不放，辣椒粉亦然。百度百科"新疆菜"的词条里，竟公然写道"口味偏咸辣"，这一定是一个没去过新疆、没在当地好好吃过肉的人写出来的。当然，现在我表示理解了。新疆人使用最多的调味品有两种——盐和皮牙子（洋葱）。他们对调味品的使用，比我们想象的要节制得多。如此简单地使用调味品，源自对食材的高度自信。艾斯卡尔在后院熟练地剥开羊皮，铺在地上，羊皮就成了他的操作台。他再将羊肉一块块地切开。可以看到，切开的羊腿肉还有一丝丝抽动，它带着羊的体温，就被投入了大锅中。也只能是如此新鲜的食材，才敢只用盐这唯一的调料。这是草原上的手抓肉和城里的手抓肉最关键的差别。罗布人牙森擅长的烤鱼如出一辙。鱼从捕获到开始烤制，绝不超过 15 分钟。新鲜，令一切调味品变得多余。当然，站在从塔里木河面吹来的微风中吃着烤鱼，又平添了另一种独特的滋味。身临其境，才是最不多余的调味品。所以，没去过新疆的人，对新疆美食的误解，情有可原。我打算原谅我自己。

新疆有着丰富的物产和多样的文化，从那样的土壤中孕育出怎样的惊奇，都不足为奇。它们就藏在那里，等待着人们置身其中，去发现、去品味。所以，了解新疆的最好方式，一定是从品尝那里的美食开始。但愿我们的纪录片《新疆滋味》，能为大家开启一趟新疆美食之旅。那一路，不仅有美食的飘香，还一定饱含新疆人生活的滋味。

新疆水果的味道，就像
真正爱新疆的人内心的情感

——《秀色可餐》导演手记

徐 小 卉

　　2019 年，接到了题为《新疆滋味》的片子，说是要拍新疆的美食。水果这一集令我颇为踌躇，原因在于，想来想去，不知道未经煎炒烹炸，并在厨房里加工过的食物，算不算美食。于是，上网、翻书，一通搜索考证——到底什么是美食。整来整去，不过是墨子那段话：厚作敛于百姓，以为美食、刍豢、蒸炙、鱼鳖。意思是说统治者横征暴敛之后，用来享受美食、刍豢、蒸炙和鱼鳖。其实，这句话并没有把什么是美食说清楚，因为墨子虽高为先哲，毕竟没有学过现代修辞学。牲畜、鱼鳖可以并列，蒸和烤却属于加工方式，用顿号隔开容易搞乱范畴；美食二字那么概括，就彻底使人头脑发晕。转而一想，不明晰也好，跟牲畜、鱼鳖并列的那些美食里，谁能说没有水果呢？于是，释然，跃然，去新疆寻找美味的水果，这就是中国传统文化大而化之的好处吧！

　　新疆农业大学研究甜瓜的王惠林教授跟我说，新疆最好的水果应该在喀什一带，但因为地域遥远，难以运输，长期以来不为消费者所知。于是奔了喀什，调研巴楚的瓜、英吉沙的杏、阿图什的无花果和木纳格的葡萄。

先到巴楚调研，听到了一些关于瓜的故事，还真有点奇妙。我们要拍摄的甜瓜属于硬皮甜瓜，它有一个特点，皮的生长速度，落后于瓜肉的生长速度。加之硬皮又缺乏弹性，所以在生长中，瓜肉会不断撑破瓜皮，而瓜皮的裂口一再愈合，便形成了瓜皮上的网纹。这种特性使得甜瓜在快要成熟的时期，不能浇水，而且必须在雨季到来之前成熟、采摘，以免瓜肉最后疯狂生长，撑破瓜皮。瓜皮裂口被撑得过大，不再愈合，瓜便腐烂了。巴楚有一款土瓜，名为库克拜热。数年前，喀什一家电商发现这种瓜绿瓤脆甜，开发了线上销售渠道，并组织技术力量交给农民种商品瓜。从 2014 年到 2017 年，都获得了丰收。但近些年中国西部的气候发生改变，2018 年，遇到了雨季提前到来的情况。雨的浇灌使大片的瓜开裂，噼啪作响，那声音也炸在瓜农的心上，当年瓜的收成很差。为了在雨季到来之前收瓜，对口援疆的上海农科院专家，提出提前种植。甜瓜下种时，便搭起低矮的塑料拱棚，给瓜苗保温。当瓜藤开始结瓜后，拆掉拱棚，让瓜接受阳光的照射，快速成长。这个方法果然有效，我们到达巴楚的琼库恰克乡琼库尔恰克巴扎村的时候，拱棚刚刚拆掉，瓜的长势很好。

为了直观地拍摄厚皮甜瓜的这个特点，带出后面的故事，必须使用特技摄影，才能将瓜开裂和愈合的过程拍摄下来。因为需要连续地逐格拍摄，不能在光线不断变化的露天拍摄。我们找到了北京农科院的基地，选择了一只瓜，给它搭了个棚子，加上灯，以保持光线均匀。但是没有成功，因为环境有了人为干涉，这只瓜还没有开裂就不长了。我们只好放弃了这个故事。

6 月底再次来到巴楚的时候，离收瓜的日子已经很近了。我们在琼库恰克乡琼库尔恰克巴扎村进行了第一天的拍摄后，就体会到王教授的话不假。早上 7 点开机，天已经亮了，就一直拍下去，感觉到太阳开始落山时，才看了一下表，我的天，已经是晚上 10 点多了。这是长达 15 小时的日照啊！喀什的水果，利用这得天独厚的能量，可以进行充分的光合作用，将二氧化碳转化为糖分，能不好吃吗？

我们选择了一个有姐妹俩的种瓜家庭进行拍摄。姐姐叫玛利亚木，我们拍摄时，她才 25 岁，已经是 3 个孩子的妈妈了。参加村里的田间培训时，她总是领会得最快，她的聪明和懂事深深打动了我。妹妹 2018 年考上了天山技术学院，学费 9000 元，家里种瓜挣了两万多块钱，父亲毫不犹豫地交了学费。她们种的瓜就是库克拜热，开发这款瓜的电商，还给它起了个流行的名字——巴楚留香瓜。专家说这瓜带着香草冰激凌的清香，而我们大城市人的味觉，早已被各种味道搞乱了，我只觉得那瓜有着黄瓜的清香。询问玛利亚木，她反问我："什么是香草冰激凌？"为了验证巴楚留香瓜的味道，开学季，摄制组把姐姐也带到了乌鲁木齐，请姐妹俩吃了香草冰激凌。她们说，还真有点巴楚留香瓜的味道。看来专家所言不虚。

仔细看片中巴楚留香瓜的段落吧，玛利亚木在里面教我们如何辨别成熟的甜瓜。

拍了 5 种水果呢，再说说阿图什提坚村的无花果吧！新疆的无花果与别处不同，大者直径 7—8 厘米，扁圆。因为顶部有供传授花粉的榕小蜂出入的孔，果肉直接接触氧气，极易腐烂。果农早上采摘，10 点之前卖出，下午必须食用，不可过夜。我们的拍摄对象阿拜不拉一家七口，每到无花果成熟的季节，全家出动，采摘后每层垫上无花果叶子，包装起来，甚是好看，发货到阿克苏。即便如此，还会剩下许多做酱。因为车的速度对于卖无花果太重要，哥哥尼斯日拉，喜欢上了汽车。2018 年，他曾请人开着家里的奥迪，拉了 8000 个无花果到伊犁去卖。他还有再添个拉货小面包车的打算，5 月第一次拍摄时，我们还跟拍了他去二手车市场选车。

本来计划 7 月初无花果采摘时，拍摄尼斯日拉开车去卖无花果，伊犁也好，喀什机场也罢。2018 年，他家的无花果曾卖给了广州的冯姓水果商。因为自家有车，直送喀什机场，他家的无花果卖出了新疆。这个场景得拍呀，奥迪，拉着无花果，多拉风，多提气！可当尼斯日拉再给冯老板打电话时，对方告知不买无花果了。因为喀什到广州只有中午一趟航班，无花果到了广州，已是傍晚，当天没有卖掉的，第二天都烂掉了。和冯老板这单生意不成功，我们也无法拍摄他们开车直送喀什机场卖无花果了。但正所谓天无绝人之路，我们拍摄采摘时，发现果园里多了一位不速之客。伊犁的骑行者李青天在喀什拍了无花果，发到快手上，点击量猛增。他临时改变行程，骑行到阿图什，到原产地来追寻无花果。他在路边认识了阿拜不拉家雇佣的采摘工人，便一起来到果园，做起了采摘志愿者。李青天很有经济头脑，没两天就在村里发现了保鲜的新方法，已经向北京、杭州等地的网友发过货了。我们提议他赶快向在村里认识的第一家人传递经验啊！于是，李青天带着泡沫箱、冰袋，向阿拜不拉兄弟三人介绍新的包装方法——加冰并把每个无花果隔开，每箱不超过 24 个。这样，我们的故事从快速运输变为了新式包装。还好，故事的目标没变——解决无花果实在不容易保鲜的难题。

提坚村的木纳格葡萄也是我迄今为止吃到的味道最为丰富而饱满的葡萄。它不像吐鲁番的无核葡萄那么甜，酸甜比更为合适。

英吉沙县近几年都赛杏，看谁家的杏大。艾古斯乡的库那吉获得过杏王，他家的色买提白杏不仅大，而且水分多，是鲜食的绝佳品种。他也不知道有几棵树结的杏子为什么格外大。100 岁的老人穆居木从没长牙开始吃杏，吃到了牙齿脱光。他家的色买提红杏最适合晒干。

来自湖南的老夏，因为野苹果，不可遏制地爱上了伊犁。他每年春、夏、秋三季带领团队到山里去观察记录野苹果的生长情况，用野苹果做果丹皮，用山里野生的杏和桑葚酿醋。我尝了一下野杏酿的醋，酸度平衡，果香会在口中驻留。为了更清晰地感受时间的流逝和女儿的成长，老夏在两个女儿出生时，分别给她们酿了一坛醋，留作嫁妆。现在，醋一坛坛静置在库房，慢慢等待老夏的女儿长大。我在想，真到了出嫁那天，老夏的心情会不会是那坛醋的味道啊？山上的野苹果需要保护，不能过多采摘，他就在城边买了一个老果园。因为他家不打农药，别家的虫子都往他家果园飞。老夏不图果园的产量，说买来是给自己、家人和朋友玩的。苹果让他亲近自然，这是他离不开伊犁的理由。

其实，人们总是说新疆的水果甜，那真是味觉不够灵敏。新疆的水果可不仅是甜，它贵在味道丰富、饱满，就像真正爱新疆的人内心的情感。

我们用尽所有味道，
表达对生活的理解与热爱

——《流光溢彩》导演手记

牛　谊

　　从小生活在新疆的我，对新疆无论是人文风光还是美食都有着很浓厚的情感。这次拍摄《新疆滋味》之饮品篇《流光溢彩》，正是对这种情感的释放和表达。

　　新疆是一个多民族生活的区域，各民族自己的历史文化相互交融、生存智慧相互借鉴，从而产生了很多神奇的美食饮品。超长的日照时间和干燥的气候，以及冰川雪水的浇灌，使新疆的各种原生食材具有独特性，各民族更善于把这些原生食材加工成美好滋味。

　　茶，来自内地跨越千里，和丝绸一样从这里传入中亚欧洲。新疆是一个汇聚融合之地，这集片子就是从煮一碗奶茶开始讲起。只要是生活在新疆，无论哪个民族，奶茶都是他们生活中挥之不去的记忆。我从小生活在新疆，对奶茶并不陌生。这次我们在天山深处的牧民家里拍摄。这是一对年轻的夫妻和两个孩子的家庭。丈夫每天都去放牧，妻子就留在家里照顾孩子。在我看来，他们的生活很简单，甚至有点儿乏味，但几天的拍摄相处下来，我慢慢地有点儿羡慕他们的生活。这里远离城市的喧嚣，没有车水马龙，只有风轻云淡、流水潺潺。丈夫每天到山上辛苦放牧，而能够扫去他一天疲惫的，就是回到家中，抱一抱牙牙学语的孩子，喝一碗妻子亲手为他熬制的奶茶。看到他们简单而快乐的生活，让我对幸福有了新的定义。

时代变迁，人们追求微醺的状态也是追求生活的快乐，而发酵的饮品是最佳体现。不同的民族可以用完全不同的食材，去酿出各种不同美味的发酵饮品。比如片中柯尔克孜族用塔尔米酿造的孢孜酒。说是酒其实不太准确，它是一种微微发酵的饮品，老少皆宜。生活在伊犁河畔特克斯县的柯尔克孜族，很早就学会了用塔尔米或者玉米等谷物酿造这种微微发酵的饮品，这是他们在节庆之日或是婚礼上待客的佳品。纪录片中酿孢孜酒的老人名叫对山拜，11岁起跟家里长辈学酿孢孜酒，至今已酿了50多年。在镜头面前，老人一点都不紧张，看得出是"久经考验"了。事实上，作为当地最好的酿酒高手，老人已经被包括央视在内的多家媒体采访拍摄过，但他依然认真地对待酿酒的每一个细节，一丝不苟地配合拍摄，不为出名，只为让更多的观众认识本民族的传统佳酿。

酿孢孜酒可以用塔尔米粉，也可以用玉米粉，而且外观差不多，但拍摄时，老人坚持用塔尔米。老人说，塔尔米酿的孢孜酒更有营养，更补身体。塔尔米学名糜子，原名稷、黍，在古代是非常重要的粮食作物，在"五谷"中占据两席。按照明代医药学家李时珍的说法：稷与黍，一类二种也。黏者为黍，不黏者为稷。稷可作饭，黍可酿酒。稷和黍是同一种作物的两个分支，黏的是黍，不黏的是稷。如今，国家对主粮种植有补贴，而塔尔米不属于主粮，拿不到补贴，产量又低，所以农民都不愿意种植。为了寻找酿酒用的塔尔米，我们跟老人一起跑了好几个地方，费了好一番功夫才找到一块不足半亩的塔尔米田。酿孢孜酒还是个体力活儿，在熬制时要不断翻搅，不能煳锅，直到熬熟为止。对山拜毕竟 66 岁了，熬到一半时，衣服后背已被汗水湿透。我们另一位编导自告奋勇，要帮老人翻一会儿，结果刚翻搅了二十几下，胳膊就累得酸疼，拿不动铲子了。孢孜酒酿好后，大家都尝了尝，感觉微微有点酸，毫无酒的辛辣刺激，完全可以当粥喝。牧民们认为，它是一种补血的营养品，对身体有补益作用。也许吧，因为糜子本身就是一味中药材，性味甘、平、微寒、无毒，主治气虚乏力、中暑、头晕、口渴等症。

新疆的塔城地区和哈萨克斯坦接壤，是一个多民族文化的融合之地，由于受到俄罗斯文化的影响，当地的许多建筑风格和美食等都带有俄罗斯文化的印记。纪录片中一位叫杨清华的师傅就是从小跟俄罗斯族老人学习用"列巴"酿造"格瓦斯"，这里所说的"列巴"和"格瓦斯"都是俄语，列巴也就是我们所说的俄罗斯大面包，这种列巴如今在新疆各地都能买到，也是新疆各族人民非常喜爱的一种美食。新疆得天独厚的自然条件盛产各种丰富的干果和葡萄干儿，而这种俄罗斯传统面包的制作方式就是把葡萄干儿和各种干果夹在面包当中形成一种别具一格的面食精品。酿造格瓦斯的列巴则不同，在酿造前，列巴需要再次烘烤，这样酿造出的格瓦斯会有一种特殊的焦香味儿。杨清华在继承传统格瓦斯的同时，也一直在想着创新。有时候我也在想，美食和艺术它们也有相通之处。我们每每都在追求影像风格的创新，而杨清华则时刻琢磨着格瓦斯口感上的创新。在杨清华身上，我看到了真正的匠人的精神，为了追求极致的口感，他坚决不用随时可以买到的人工种植的啤酒花，虽然用量很少，但他每年都坚持去离家几十公里的库鲁斯台湿地，在荒原的灌木中寻找野生的啤酒花。杨清华的创新之路也并非一帆风顺，市场上很多工业化生产的格瓦斯，对他的纯手工酿造是一个很大的冲击，但他一直执着于酿造藏在他内心里的一种味道。

在我们拍摄之前，杨清华说他一直有个疑问没搞清楚。如今市场上常看到蜂蜜格瓦斯，杨清华不相信那真是蜂蜜酿的。杨清华拿出一包绵白糖，往自己酿的格瓦斯里加了几大勺，格瓦斯立刻翻江倒海般沸腾了起来。杨清华说，你们看，酵母吃糖呢，酵母吃糖厉害着呢，白糖多少钱一斤？蜂蜜多少钱一斤？这要是蜂蜜，成本得多高？怎么可能用蜂蜜酿酒呢？杨清华有时把格瓦斯称为酒。为了检验蜂蜜是否能酿造格瓦斯，杨清华自己用蜂蜜做过实验，但不成功，酿出的格瓦斯完全没有蜂蜜味儿。杨清华更疑惑了：我喝过人家那种蜂蜜格瓦斯，确实是有点蜂蜜味儿的。杨清华想不明白是怎么回事。

　　为了帮助杨清华解开心中的疑团，我们帮他联系了酿造专家、江南大学生物工程学院研究员范文来老师。在电话里，范老师一语道破天机：蜂蜜是可以用来酿酒的，酿格瓦斯也可以，但是作为糖源，蜂蜜与白糖没有区别，酵母将它们转化成乙醇以后，味道是一样的；你喝到有蜂蜜味道的格瓦斯，是在酿造完成后调入了一定比例的蜂蜜，这样才有蜂蜜味儿。俄罗斯有的餐厅的餐桌上就摆放一小罐蜂蜜，喝格瓦斯的时候可以加，加不加由你自己定，没有预调好的，因为预调的话，加的是蜂蜜味儿的香精也是有可能的，那就不好说了。范老师一席话，让杨清华心里豁然开朗，疑团顿消。但是，还有一个难题是范老师这样的大专家都无法解决的：酿好的格瓦斯要装在抗压塑料瓶中，在冰箱里冷藏一段时间再喝口感才爽利。但是这段时间内，瓶中的格瓦斯还在缓慢地后发酵，等想喝时，瓶中压力已经升高，涨得瓶盖很难拧开。杨清华说，他想过很多办法都无法解决这个问题，最后只能用螺丝刀撬开一点缝，放出一些气才能拧开。可每次都用螺丝刀撬，太不方便了。我们摄制组里有一位维吾尔族摄影师伊力，天生腕力过人。大家说，让伊力试试。伊力果然不负众望，一手把瓶，一手拧盖，两手一用力，开了！杨清华脱口而出：好大的劲！我们跟杨清华开玩笑说：老杨，你这格瓦斯以后要是上市卖的话，还得搭卖一个伊力才行啊。

　　我们这次拍摄的同时也和杨清华一起见证了他创新格瓦斯的诞生，当我喝到口中的那一瞬间，我立马觉得杨清华的付出都是值得的。工业化生产的格瓦斯从口感和味觉的层次感上根本无法和杨清华手工酿造的相比，我似乎尝到了传承千百年的格瓦斯的真谛，那么究竟是什么秘密让杨清华的格瓦斯与众不同？大家看完纪录片《新疆滋味》之《流光溢彩》后便会有答案。

其实在新疆还有一种和格瓦斯不分伯仲的传统饮品。那就是南疆维吾尔族用葡萄酿造的穆塞莱斯。10年前，我在南疆阿克苏地区的阿瓦提县拍摄过穆塞莱斯。关于穆塞莱斯的酿造更有许多传奇色彩的故事，虽然主要原料是新鲜的葡萄，但据说在酿造中有些匠人还会加入鸽子血、红花、肉苁蓉等，一千个人酿造就会有一千种味道，最神奇的是它们都叫穆塞莱斯。然而由于新冠肺炎疫情的原因，我们错过了穆塞莱斯的酿造时节，这也是我在这部纪录片中最大的遗憾。

但往往遗憾和惊喜相随。我们在拍摄前的调研中发现了新疆饮品中的一枝独秀——沙棘汁。虽然沙棘汁这种饮品近几年才慢慢被人所熟知，但它却是饮品中的一匹黑马。沙棘汁的原料是沙棘果，新疆阿勒泰地区的日照和气候条件简直就是沙棘这种植物的天堂。沙棘果实富含多种营养成分，甚至还有和深海鱼油相同的营养物质，但这么好的东西却有一个致命的问题，那就是这种果实的口感酸涩，让人无法接受。纪录片中的杨梅女士也面临同样的困扰。她是一个非常热爱生活的人，也是一个美食家。她笑称自己为吃货，最大的爱好就是四处寻找绿色、原生态的健康美食。沙棘汁的营养价值深深地吸引了她，但同样她也面临口感酸涩的问题。性格倔强的杨梅是一个不服输的人，为了解决这个问题，她去请教农科院的专家，和做厨师的同事反复试验。终于，她找到了沙棘口感和营养之间的平衡。说到这，你是否也对沙棘汁产生了兴趣呢？我保证你看完纪录片一定会有想尝一尝沙棘汁的冲动。

风靡全国的乌苏啤酒，也是这次拍摄的主角之一。为什么乌苏啤酒会成为网红啤酒？正是新疆的大麦与酒花起到了决定性的作用。为了这次拍摄我对啤酒做了专门的研究，知道了艾尔啤酒和拉格啤酒的区别，还结识了新疆自酿啤酒圈的朋友，了解了更多关于啤酒的知识，当然也尝到了各式各样的啤酒。

在新疆拍摄纪录片 20 多年来，我们从拍野生动物、人文风光、民族风情，再到现在拍的特色美食，我们一直想把新疆以最好的形式传递给更多的人。拍纪录片虽然辛苦，但我喜欢这个职业，因为在每次拍摄中，我们都会遇到不同的人，了解到不同领域的知识。正所谓读万卷书行万里路，对我来说，每一次拍摄都是一次宝贵的人生经历。特别是这次拍摄《新疆滋味》，虽然受到新冠肺炎疫情的影响，周期拖得有点儿长，但在整个纪录片的拍摄过程中，我学到了很多，也越来越强烈地感受到新疆的确是物华天宝、人杰地灵。

味觉的追求是人类共同的爱好，一杯美好之物滋润着味蕾，传递到每一个毛孔。生活的味道应该是市井里弄的烟火，真情流露的微醺，应该是满怀爱意的一杯奶茶，还有梦想铸就的流光溢彩。人生五味杂陈，我们用尽所有味道，表达着各自对生活的理解与热爱。

附录二

新疆菜

17道在家就能做的

《来一场饕餮盛宴》

过油肉拌面

材料

羊大腿肉或里脊肉 500 克，面粉 1000 克，泡发木耳 150 克，青辣椒、红辣椒各 100 克，鸡蛋 1 颗，清油 1000 克，大葱、大蒜各 50 克，生姜 5 克，淀粉 50 克，肉汤、酱油、白胡椒粉、花椒粉、味精、盐适量，食醋两滴，一勺白糖。

步骤

① 将羊肉沿着肉纤维线条横向切成长 3 厘米、厚 2 毫米，大小均一的肉片。切好的肉放入碗中，边倒入凉水边搅拌，接着放适量的盐和半颗鸡蛋液上浆混匀使其入味。

② 将 1000 克面粉、半颗鸡蛋和 4 克盐放入大碗中调匀，加入凉水和成面团。饧 5 分钟后继续揉，将面团做成粗条，揪成 150 克左右的大小后做成细剂子，将细剂子刷油处理后用保鲜膜包好备用。

③ 入味的羊肉中加入 30 克淀粉、适量酱油（着色）和 100 克清油，搅拌均匀备用。

④ 将红辣椒切成 3 厘米大小的菱形片，泡好的木耳撕成小块，大葱切成马耳形、大蒜切成片，生姜切碎。在汤中加入适量白胡椒粉、花椒粉、食盐、白糖、酱油、味精、淀粉等调味料备用（此处的汤指调味汁，一般用羊肉汤、鸡肉汤等，若无则用清水）。

⑤ 起锅烧油，预热至 6 成（约 180℃）时，将备好的羊肉分两次放入锅中迅速用筷子搅拌，待颜色呈红棕色时捞出备用。

⑥ 锅里留下少量底油，将切好的大葱、大蒜、生姜放入锅里炒出香味，滴两滴食醋，接着放入切好的辣椒和木耳翻炒至半熟，倒入备好的汤汁，煮沸后放入提前炒好的羊肉使其与汤汁混合均匀，然后滴几滴明油盛盘。

⑦ 饧好的剂子拉长拉细，10 条剂子为一组，再次整齐、均匀地拉长，待拉细成面条状，放入沸水（清水）中，并用筷子轻轻搅动几下防止面条粘在一起，煮 1—2 分钟捞出过冷水，装盘与过油肉一起上桌。

特点

过油肉色泽鲜艳、肉质鲜嫩、味道可口，肥而不腻，面条细却富有弹性，鲜美的配菜加上筋道的面条别具特色。

教学视频

汆汤肉

材料

　　羊后腿肉(肥瘦相间)500克,青、红辣椒各半个,山药100克,泡发木耳100克,西红柿1个,菠菜3根,香菜5根,大葱30克,大蒜15克,生姜5克,食盐、白胡椒粉、味精、番茄酱、辣椒油、酱油等适量。

步骤

　　① 将羊后腿肉沿着肉纤维线条横向切成宽3厘米、厚2毫米大小均一的肉片,辣椒切成丝,大葱(斜切)、山药、大蒜切成薄片,木耳用手撕成小块,香菜切段。

　　② 锅内加入汤或水,烧开。食盐、白胡椒粉、味精、番茄酱倒入碗里搅拌均匀作为调料备用。水沸腾后,先把木耳、山药下水煮熟,之后调成大火放入肉片,等汤水沸腾时,立即端锅,撇去上层浮沫,放入其他食材。待其再次烧开后,将调料一次性倒入汤水中,再滴入一些辣椒油,用勺子搅拌均匀即可享用。

教学视频

特点

汤水色味俱全，耗时较短，肉嫩味佳，易消化，有助于消除疲劳感。

生 烧 肉

材料

　　羊后腿肉（较肥的）500克，鸡蛋1颗，淀粉150克，清油1000克，清水100克，食盐、白胡椒粉、辣椒粉适量。

步骤

　　① 将羊肉切成长4—5厘米、厚3毫米的大片放入碗中，将100克水分次倒入碗内，边加水边用手搅拌。待水完全被肉吸收后加入适量食盐和1颗鸡蛋继续搅拌。

　　② 将肉片糊上淀粉，确保每片肉上都沾满，锅中倒入1000克清油，烧热至3—4成（约90—120℃）时，将肉片一片一片地放入锅中，待其漂起时即可捞出。肉片都炸过一遍后，将锅里的油烧至6—7成热（约180—210℃），所有肉片分两次再过一遍油。

　　③ 锅里留下少量油，将其余的油倒入碗中。依次往锅里倒入少量辣椒粉、炸过的肉、适量白胡椒粉和食盐，生烧肉就可以出锅了。

教学视频

特点

颜色鲜艳，肥而不腻，外脆里嫩，味道香辣可口。

扁馓子

材料

面粉 500 克，鸡蛋 4 颗，糖粉 10 克，清油 1000 克。

步骤

① 将面粉倒进大碗里加水，打 3 颗鸡蛋和成面团，根据面团的软硬程度可以把剩下的 1 颗鸡蛋打进去，和成软硬适中的面团后饧 10 分钟。

② 把饧好的面团反复揉匀并均分成两半，揉成两个面团，用保鲜膜包好再饧 10 分钟。锅中倒油加热，熄火冷却至 3—4 成热（约 90—120℃）备用。

③ 将其中一个面团擀成薄面皮，用带有齿轮的模具切成 3 厘米 ×4 厘米的菱形状，放入备好的 3—4 成（约 90—120℃）的热油中，面皮浮出油面时快速翻面，等面皮颜色呈金黄色时捞出，并趁热往上面撒些糖粉。

④ 另一个面团也擀成圆形状的薄面皮，折叠三次使面皮成扇形。用带有齿轮的模具从面皮一边绕着弧度切至扇形面皮的另一边，每块宽约 3 厘米。把切好的面圈拿在手中，先根据盘子的大小一层叠一层盘成圆形状，再放入油中，浮出油面后快速翻面。捞出摆盘时，从大到小摆成宝塔状，并撒入菱形馓子摆满。

教学视频

特点

色泽俱全，形状好看，量多酥脆，美味可口。

发面饼盖肉

材料

带骨羊肉（可根据自己的喜好将羊肉换成其他肉类）1000克，面粉800克，胡萝卜、土豆、恰玛古各200克，嫩玉米2根，鸡蛋1颗，洋葱、辣子、西红柿、菠菜各50克，适量的发酵粉、食盐、白砂糖、清油、花椒、生姜。

步骤

① 将面粉放入大碗中，加适量的食盐、发酵粉、1颗鸡蛋和一勺白砂糖混合均匀，用温水和面饧发。

② 带骨羊肉切成5—6厘米、蔬菜切成3—4厘米的大小。

③ 饧发好的面团反复揉匀，按锅的大小做成圆饼，用保鲜膜包好备用。

④ 起锅烧油，加热到6成（约180℃），将切好的肉块放进锅里翻炒至表面被炒干，放入适量的开水，用小火慢煮。羊肉7成熟时，将备好的嫩玉米、土豆、

胡萝卜、恰玛古、洋葱、西红柿，以及少量的酱油、花椒、生姜等放入锅里；在肉块上面放几根筷子，将备好的面饼盖放在筷子上，盖好锅盖焖30分钟；捞出面饼后将辣椒、菠菜放入锅里，加入适量的食盐和水调味，静等。煮熟后装盘，将饼盖切成若干块放在另外一个盘子即可。

教学视频

面饼柔软，配料丰富，营养价值高。

阿力瓦（西瓜汁糖浆）

材料

2000 克左右全熟的西瓜，冰糖 150 克，面粉 100 克，清油 150 克。

步骤

① 将西瓜从中间切开，用勺子刮取半块西瓜的果肉，用纱布挤取西瓜汁（600 克左右）分装到碗内。在西瓜汁中加入碎成小块的冰糖，用小火煮沸。

② 锅里加 150 克清油预热，倒入 100 克面粉中火快速翻炒，接着加入煮好的冰糖西瓜汁搅拌几下便可盛碗食用。

教学视频

特点

色泽鲜红亮丽，不油腻且香味儿浓郁。可以在进行体力劳动、长途旅行，或天气非常寒冷时食用，能使身体发热，有助于保暖和缓解疲劳，而且饱腹感强，不易使人口渴。

温馨提示：不适合高血压、糖尿
◇◆◇◆◇◆◇◆◇ 病患者食用。

浇汁夹沙

材料

牛肉 300 克，鸡蛋 4 颗，淀粉 60 克，泡发木耳 50 克，菠菜 3 根，青椒和红椒各半个，清油 1000 克，适量的食盐、白胡椒粉、酱油、番茄酱、味精，煮好的大葱、花椒、生姜汤汁。

步骤

① 首先将肉块切成碎肉，再用刀背把它打成泥状，然后把适量煮好的汤汁、冷水稀释的淀粉液和肉泥混到一起，搅匀备用。

② 4 颗鸡蛋打在一个碗里，加入少许食盐和水淀粉，用筷子搅拌均匀后备用。在锅内倒入适量的食用油加热，加入一大勺鸡蛋液，使其形成圆饼，把鸡蛋饼倒扣在笊篱上，微烤饼面，将鸡蛋饼面朝上底朝下放在案板上。准备一碗淀粉液，均匀地涂在鸡蛋饼上面，然后把做好的肉馅均匀铺在上面，肉馅层厚约 4 厘米。在肉馅上涂一层淀粉液后，再放一个鸡蛋饼。用干净的毛巾盖好夹沙，然后用手轻轻按压并切成 3 厘米宽、4 厘米长的菱形状，一片一片地摆放在刷油的盘子上。

③ 往锅里倒入适量清油，加热至 5 成（约 150℃），把盘子里的夹沙放入油中，等夹沙浮出油面后捞出。

教学视频

特点

外观漂亮，色味俱全，夹沙外脆里嫩，肉馅嫩滑，美味可口。

④ 将辣椒切成菱形，木耳用手撕成小块，菠菜切大段。热锅倒油，放入切好的大葱、大蒜、生姜炒出香味，然后将辣椒、木耳和菠菜放进锅里翻炒，倒入少许汤汁或者开水，加入食盐、白胡椒粉、味精、番茄酱、酱油和稀释的淀粉液，调好咸度后备用。

⑤ 将留有清油的锅加热到7成（约210℃），把夹沙再次放入油中，微炸后立即捞出摆盘，然后将备好的汁液淋在表面。

抓 饭

材料

　　剔骨肉 2000 克，大米 2500 克，红、黄胡萝卜 3000 克，洋葱 300 克，清油（菜籽油或者亚麻籽油）500 克，食盐适量。

步骤

　　① 将胡萝卜的两端切除洗净，切成筷头条。洋葱切成大块，将肉切成手掌大小、略厚的块状。

　　② 锅里倒入 500 克清油，加热至 6 成（约 180℃）后，放入切好的洋葱炒至深黄色捞出。滴入几滴盐水炝锅，去除油中的异味，放入肉块翻炒。炒至红色，即可倒入胡萝卜翻炒 10 分钟左右，胡萝卜变成半熟状态时，加入 2000 克左右的水，大火煮开。

　　③ 洗净的大米倒进温水里浸泡 15—20 分钟后，撇水调大火。将大米用笊篱

教学视频

均匀铺在胡萝卜上（大米不能沉到锅底），铺好后，盖上锅盖焖 10 分钟。随后打开锅盖上下翻动大米（此时不要翻到胡萝卜），转中火焖 10 分钟，再打开锅盖上下翻匀大米，转小火焖 15 分钟。这时，我们就可以打开锅盖把大米和胡萝卜搅拌均匀，肉盛出切块儿、抓饭装盘，再把切好的肉放在抓饭上即可享用。

温馨提示：可以准备几种酸辣凉菜。

大盘鸡

材料

三黄鸡1只，面粉1000克，清油500克，土豆500克，白砂糖5克，大蒜、大葱、食盐、酱油、花椒粒、姜片、香叶、桂皮、草果、丁香、陈皮、茴香等适量（可根据口味使用干尖辣椒50克）。

步骤

① 在面粉中加入适量的食盐，凉水和面，饧面10分钟后，将其揉匀成粗条，并搓分成几个100克左右的长面剂，用保鲜膜包起来备用。

② 把洗净的鸡肉切成3厘米左右的鸡块，倒入开水中焯水，撇去浮沫捞出。趁热放入盆中，与适量酱油、食盐拌匀，将焯鸡用的水倒入盆里静置片刻。

③ 土豆去皮，切成3厘米左右的小块，并放入热油里炸至半熟捞出备用。

④ 在锅中倒入清油加热，把鸡肉块倒进油锅里，加入酱油、食盐、生姜炒至收汁，随后倒入备好的鸡汤。

教学视频

特点

鲜香多汁,口味偏香辣,
与皮带面一起食用更美味。

⑤ 用纱布将所需香料包起来放入锅中煮开,当肉煮至7成熟时加入土豆、干尖辣椒、大蒜、大葱和白砂糖,倒入较多水后用食盐调味。

⑥ 把饧好的面团搓成较均匀的细面条,在案板上揉成面剂子,饧面后将剂子用双手拉长至细面条状,放入另一个锅里(或者把面条压扁再拉长成皮带面,再放进锅里)煮熟后,过凉水装盘,再将炒好的大盘鸡浇在面条上。

椒麻鸡

材料

鸡1只，红椒1个，花椒10克，大葱100克，清油50克，食盐、味精、花椒油、辣椒油、砂糖适量。

步骤

① 处理鸡肉并冲洗干净，起锅加冷水（能覆盖鸡即可），放入鸡，用大火煮开。待水烧开后，撇去浮沫，转至小火，煮至8到9成熟，捞出鸡肉用冷水冲洗、冷却。随后，用手把整鸡撕成小块，撒入食盐搅拌调味。

② 鸡汤中放入5克花椒和切好的葱段，撒入适量食盐煮沸，烧开后放入红椒，把刚备好的鸡块放入鸡汤中入味。

③ 起锅倒油，3成热（约90℃）时，放入切好的葱段和5克花椒，炒香捞出。在花椒油里滴入适量辣椒油、味精、砂糖搅拌均匀，调出椒麻味。

④ 捞出，这时要注意带一些汤汁，放入盘中，淋上调好的椒麻味调料，搅拌均匀即可。尖辣椒、大蒜、大葱和白砂糖，倒入较多水后用食盐调味。

教学视频

特点

　　颜色嫩白，鸡肉和骨头大小均匀，汤汁鲜美，麻辣味突出，香辣扑鼻，给人一种特别的享受。

薄皮包子

材料

面粉 1000 克, 肥瘦羊肉 1000 克, 洋葱 300 克, 食盐 12 克, 白胡椒粉、孜然粉适量, 鸡蛋清 1 个。

步骤

① 将面粉倒进盆里, 依次倒入鸡蛋清、食盐(6克)和凉水, 拌匀和成微硬面团, 饧面 10 分钟, 再次揉匀至面团表面光滑。将面团搓成粗条, 并揪成 60 个大小均匀的剂子, 用保鲜膜裹好静置。

② 将肥瘦羊肉切至黄豆大小, 放入碗中。在碗里一边倒入少许凉水, 一边用力搅匀, 等水分被羊肉充分吸收后, 倒入 6 克食盐和切成黄豆大小的洋葱, 撒上适量白胡椒粉、孜然粉, 搅拌均匀。此时, 肉馅就准备好了。

③ 将 60 个剂子, 用擀面杖擀成中间微厚周围略薄的圆面皮。在圆面皮中间放入适量肉馅, 先把面皮右边捏住, 再往左推, 边推边捏, 捏到中间后翻过来, 从左

教学视频

特点

面滑皮薄,馅中带汁,
香味扑鼻,美味可口。

边开始用同样方法捏到中间包好。在蒸笼或笼屉抹一层
食用油,把包好的包子摆好,盖上锅盖,大火蒸12分
钟即可。这时把包子盛至盘内,撒些白胡椒粉即可享用。

温馨提示:羊肉可换成其他动物肉。

◇◆◇◆◇◆◇◆◇

干煸炒面

材料

面粉 1000 克，瘦肉 300 克，清油 100 克，蒜薹 50 克，新鲜韭菜 300 克，干辣椒 20 克，食盐 10 克，酱油 3 克，番茄酱 5 克，味精 2 克，白砂糖 2 克，白醋 3 克，生姜 3 克，鸡蛋 1 个。

步骤

① 在 1000 克面粉中打入一个鸡蛋，撒 5 克食盐，凉水和面，饧面 10 分钟。反复揉面，将面团切成若干个大小相同的（大约 100 克）面团，揉成面剂。刷油后摆放整齐，用保鲜膜包好备用。

② 肉切成肉片，新鲜韭菜切成 10 厘米的大小，蒜薹切成小颗粒，干辣椒用开水浸泡，生姜切末。

③ 起锅烧油，烧至 5 成热（约 150℃），倒入瘦肉，待肉块收汁后放食盐、酱油、生姜、蒜薹、干辣椒、番茄酱、白砂糖翻炒均匀，最后倒入韭菜翻炒，炒熟后

教学视频

放味精、白醋调味。

④ 适量清水烧开，将饧好的剂子反复拉成均匀细长的面条，并切成20厘米的长条，放入沸水中，用筷子均匀搅拌防止粘连，2—3分钟后捞出放进盆里，倒入少量酱油，搅匀使面条着色。最后将备好的面倒进炒好的韭菜中翻炒几下即可出锅享用。

烧锅汤曲曲儿（馄饨）

材料

面粉 500 克，瘦肉 500 克，洋葱 100 克，恰玛古 100 克，胡萝卜 100 克，西红柿 50 克，菠菜 2 根，香菜 5 根，清油 5 克，番茄酱 5 克，食盐、白胡椒粉适量。

步骤

① 在 500 克面粉中放入 3 克盐，用清水和成稍硬的面团，静置饧面。将瘦肉切碎，把 150 克碎肉盛至一个碗中备用，在洋葱末里加入剩下的 350 克碎肉后用食盐和白胡椒粉搅拌均匀。

② 锅里倒入 5 克清油和 150 克瘦肉，翻炒搅拌，收汁后将切成小薄片的恰玛古和胡萝卜倒入锅里继续翻炒，随后倒入清水用小火煮沸。

③ 将饧好的面团反复揉匀成小球状，再饧 10 分钟。然后将面团用手掌压平，用擀面杖擀至厚度均匀、轻薄的面皮，这时要在面皮上撒些面粉防止粘连，整齐叠好切成长条，随后切成宽 4 厘米、长 5 厘米的长方形备用。

教学视频

④ 夹取适量肉馅放在面皮中心,对折捏拢,两边捏紧后将面皮的两个角叠在一起捏紧,这时曲曲儿就包好了。

⑤ 调大火烧开锅里的汤汁,依次倒进刚包好的曲曲儿,用瓢慢慢搅拌防止粘连,等曲曲儿煮熟后,放入切好的西红柿、菠菜、香菜、食盐、白胡椒粉和番茄酱调味,即可享用。

胡辣羊蹄

材料

煮熟的羊蹄8只，青、红辣椒各1个，干红辣椒5克，清油60克，红椒油5克，食盐、白胡椒粉、洋葱、大葱、大蒜、生姜适量。

步骤

① 羊蹄子洗干净后，下入冷水锅里，大火烧开，加入足够食盐，用小火煮至八九成熟，捞出晾凉，再准备第二次进行加工。

② 煮熟的羊蹄剔去蹄筋、腺体，分成两段放在烤盘上，再撒适量食盐、大葱、生姜，倒入高汤后把烤盘放到蒸笼上蒸30分钟，羊蹄熟软时出锅备用。

③ 青、红辣椒切成大小3厘米的块状，洋葱切成丝，生姜、大蒜剁成泥。

④ 起锅烧油，将切好的洋葱、大蒜、生姜放进锅里炒出香味，再放入青、红辣椒和干辣椒翻炒，把蒸好的羊蹄带着汤汁一起倒入锅中，撒入适量的白胡椒粉，滴入适量红椒油，搅拌均匀即可。

教学视频

特点

色泽红亮，羊蹄软嫩易消化，咸度适中，带有白胡椒的香味，香辣美味。

丸子汤

材料

　　牛肉 300 克，羊排肉 300 克，豆腐 200 克，（泡过水的）粉条 200 克，黑木耳 100 克，西红柿、辣椒各 1 个，菠菜 2 根，适量的食盐、酱油、生姜、花椒、大葱、大蒜、味精，15 克淀粉，清油 500 克。

步骤

　　① 准备肉馅：将羊排肉切成 4 厘米左右长，倒入凉水煮开，撇去浮沫之后，用温火继续煮。牛肉过一下绞肉机（若没有，用切刀把牛肉切到软泥状），在做好的牛肉泥上加入适量的煮好的花椒、生姜、大葱及盐水，再加少量肉汤及 10 克淀粉搅拌均匀。

　　② 锅里放适的清油加热，把肉馅做成白杏大小的丸子状，并放在油里炸到变红再捞出。

　　③ 豆腐切成 3 厘米长的薄片，木耳用手撕小，其他食材切好备用。

　　④ 在羊肉汤里加肉丸、豆腐片、黑木耳、粉丝、西红柿、菠菜、大葱及食盐、酱油、大蒜、生姜等调料，再把加水稀释之后的淀粉也加到肉汤里，最后加适量味精后便可盛碗食用。

教学视频

干锅焖肉

材料

带骨羊肉2千克(鸡、鸭、鱼或其他种类的肉都可以炖)，胡萝卜500克，嫩玉米2根，恰玛古500克，土豆500克，菠菜2根，干辣椒10个，适量的食盐、酱油、大葱、生姜、番茄酱、白胡椒粉等。

步骤

① 首先把准备好的肉切成5—6厘米大小放进碗里，在肉块上慢慢倒入150克水，使肉块充分吸收水分。之后放入食盐、酱油、大葱、生姜、番茄酱、白胡椒粉搅拌均匀，如果时间允许，可以放置1—2个小时入味。其他配料切成3—4厘米大小备用。

② 在电饭锅里放几根铁丝或金属条，倒入50克油。首先把带骨的肉块整齐地放在最下面，其上面放置切好的胡萝卜、恰玛古、嫩玉米后，最上面放切好的土豆。干辣椒放在肉块之间的空隙里，盖上锅盖，按照食材的量度决定焖的时间。焖熟后拿到盘子上即可。最后将菠菜放入电饭锅里，5分钟后取出摆在肉块上，使其颜色更加鲜艳。

特点

颜色鲜艳，配料丰富，营养价值高，烹调方法简单，美味可口。

教学视频

泡油糕

材料

玉米面粉 500 克，清油 1000 克，提炼好的羊尾油（或其他动物油）75—80 克，白砂糖 300 克，食用碱和其他食材适量。

步骤

① 在锅里倒入少量水，加入食用碱和羊尾油使其溶化，等到水沸腾后再倒入足够的水，再次沸腾后边往锅里倒入面粉边快速搅拌成面团。将面团拿到刷油的案板上，用擀面杖擀扁擀薄，等面冷却后撒少量水使其软化并反复揉匀，静置饧面。

② 将核桃仁、花生、葡萄干、芝麻切碎，将其放到小碗中加入玉米面粉、清油、白砂糖做成馅。

③ 将饧好的面搓成粗条，切成若干个面块，将其压平放适量做好的馅包成包子状再次轻轻压扁。将其放入到 4 成（约 120℃）热度的油中，等其炸熟起花漂在油面上即可捞出享用。

教学视频

责任编辑：池　溢
美术编辑：胡欣欣
责任校对：吕　飞

图书在版编目（CIP）数据

新疆滋味／《新疆滋味》编委会编著 . —— 北京：人民出版社，2022.5
ISBN 978 - 7 - 01 - 024751 - 9

I.①新…　 II.①新…　 III.①地方文化 - 新疆　 IV.① G127.45

中国版本图书馆 CIP 数据核字（2022）第 072958 号

新疆滋味
XINJIANG ZIWEI

本书编委会　编著

人民出版社 出版发行
（100706　北京市东城区隆福寺街 99 号）

北京新华印刷有限公司印刷　新华书店经销

2022 年 5 月第 1 版　2022 年 5 月北京第 1 次印刷
开本：710 毫米 × 1000 毫米 1/16　印张：18
字数：230 千字

ISBN 978 - 7 - 01 - 024751 - 9　定价：79.00 元

邮购地址 100706　北京市东城区隆福寺街 99 号
人民东方图书销售中心　电话（010）65250042　65289539